特別報道記録集

三陸再興

いわて震災10年の歩み

2011・3・11 東日本大震災

岩手の記録V

contents

巡る季節

まち再生

忘れない

次世代へ

本書は岩手日報に掲載された東日本大震災関連の記事と写真を基に構成しました。
本文や写真説明の肩書き・年齢などは掲載当時のものです。

〈お断り〉 本書の11〜53ページに掲載した震災前の地図は、岩手日報社が2006年3月に発行した「詳細岩手県市町村全図　新・いわてMAP」から抜粋したものです。国土地理院発行の1万分の1地形図、2万5000分の1地形図等を使用して作成(国土地理院承認番号　平17東使第26号)していますが、本書への転載に当たっては、必ずしも正しい縮尺とはなっておりません。ご了承ください。

❶2020年3月11日　釜石市・根浜海岸近くで打ち上げられた鎮魂の花火「白菊」　❷2017年8月　陸前高田市のうごく七夕まつり　❸2020年12月　宮古市・津軽石川の川サケ漁　❹2020年3月11日　久慈市夏井町で震災不明者捜索

桜の出迎え

2019年4月19日

三陸沿岸を走る三陸鉄道リアス線(大船渡・盛―久慈間、163キロ)が、全線開通後初の春を迎えた。大槌町の吉里吉里駅周辺では、国鉄山田線の開通時に植樹したとされる十数本の桜が満開となり、トリコロールの車両を迎えた

海とともに

2016年5月4日

大船渡市赤崎町の尾崎神社式年大祭（五年祭）が8年ぶりに復活。赤崎町の人口は震災前より約800人も減ったが、4年に一度の伝統を見事に復活させた。呼び物の海上渡御も行われ、みこしを乗せた漁船が大漁旗をはためかせて大船渡湾を一周した

希望の大輪

2020年10月31日

陸前高田市の高田松原運動公園で三陸花火大会が初めて開かれ、約1万発の大輪が復興へ進む街を染めた。コロナ禍で多くの花火大会が中止となる中、21年度開催予定の競技大会のプレイベントとして企画され、会場には1万人以上が詰めかけた（多重露光撮影）

古里を思う

2021年1月1日

大槌町の大槌城跡で住民らが初日の出を拝み、東日本大震災から10年となる節目の年への思いを新たにした。午前7時ごろ、復興が進む街並みや大槌湾を朝日が美しく照らすと、集まった高校生から歓声が上がった

陸前高田市

Rikuzentakata

【2020年2月】災害公営住宅や奇跡の一本松ホールなどが整備され、着実に新しい街づくりが進む陸前高田市の中心部

【2020年2月】新庁舎の建設地となり、工事が進む高田小の跡地

【2020年12月】中央左は建設中の市役所新庁舎

【2011年3月12日】大津波に襲われた翌日の中心部。一面のがれきが救助の行方を阻んだ

【2014年5月】震災から3年がたち、かさ上げが進む市街地。奥に見えるのは土砂を運搬する巨大ベルトコンベヤー

【2020年12月】かさ上げ地に建つ住宅。空き地のままの区画も多い

■震災前の陸前高田市中心部

陸前高田市

Rikuzentakata

【2020年6月】「奇跡の一本松」以外はすべて津波に流された高田松原。かつての白砂青松が復活するのは何年後だろうか

1968年10月撮影

■震災前の高田松原

一本松に誓う古里再生

【2020年6月19日】「世界難民の日」にライトアップされた奇跡の一本松とユースホステルの建物

【2021年1月】ハクチョウの群れと一本松の一コマ。気仙町では約200羽が過ごしている

【2020年10月】楽天イーグルス奇跡の一本松球場の完成記念イベント。村田兆治さんら往年の名選手をひと目見ようと、大勢の人が訪れた

【2020年3月11日】午後2時46分、防潮堤から海に向かい、静かに祈りを捧げる市民ら

これからも海と生きていく

陸前高田市

Rikuzentakata

広田町の根岬地区＝2019年12月

広田町の長洞地区＝2020年10月

【2018年4月】広田湾で次々と水揚げされる春限定の「雪解け牡蠣（がき）」

【2018年8月】広田湾に浮かぶカキの養殖いかだ。手前に見えるのはムラサキイガイなどの異物を取り除く作業。クレーンでカキがついたロープをつり上げ、熱湯に漬ける

小友町の門前地区＝2018年10月

広田町の大陽地区＝2020年3月

広田町の泊地区＝2019年6月

【2019年12月】つばき油作りは冬が最盛期。竹駒町に再建した工場で作業する石川製油の石川秀一さん、春枝さん夫妻

【2020年11月】7年ぶりの「春高バレー」全国切符をつかんだ高田高の女子バレーボール部

願いは一つ　笑顔咲く街に

【2020年4月】気仙川河川敷を彩った横田町の桜並木

【2020年8月】いつか持ち主の元へ―。三陸アーカイブ減災センターの常設返却会場には、震災後に拾得した写真などが並ぶ

【2020年9月】地元青年会議所の「草文字アート」。新型コロナ感染症の収束と震災犠牲者追悼の思いを込めた

陸前高田市

Rikuzentakata

【2020年6月】大野海岸の砂浜に咲いたハマヒルガオ

【2020年10月】気仙町けんか七夕太鼓を披露する気仙小5、6年生

【2014年8月7日】鮮やかな電飾が浮かび上がる「うごく七夕まつり」の山車。太鼓と笛のおはやしが震災3年の街に響き渡った

大船渡市

Ofunato

【2020年2月】かさ上げされた中心部に新しい市街地が整備された大船渡市。キャッセン大船渡エリア（写真上）には再建した商店が並ぶ

【2019年2月】震災から8年近くたち、中心市街地の整備が進む

【2020年1月】JR大船渡駅周辺は、ハード面の整備がほぼ完了した

■震災前の大船渡市中心部

【2011年5月】津波で多くの建物が流失した大船渡市大船渡町

大船渡市

越喜来

【2017年4月】高台にある越喜来小から望む越喜来地区の中心部

【2020年8月】勇壮な舞で故人をしのぶ金津流浦浜獅子躍（ししおどり）

【2018年3月11日】越喜来漁港で鎮魂の舞を披露する浦浜念仏剣舞保存会の子どもたち

越喜来の浦浜地区＝2019年5月

綾里地区＝2019年8月

【2020年2月】震災から9年近くたち、越喜来湾の海中には海藻のホンダワラの森ができていた

■震災前の大船渡市三陸町越喜来

【2020年2月】越喜来中の運動会の花形競技として親しまれた「ヘビの皮むき」。閉校を前に地元住民が1日限りで復活させた

ありがたき海の恵み

大船渡市 Ofunato

【2020年11月14日】震災後最多713トンのサンマが水揚げされた大船渡市魚市場。久々の豊漁に浜が沸いた

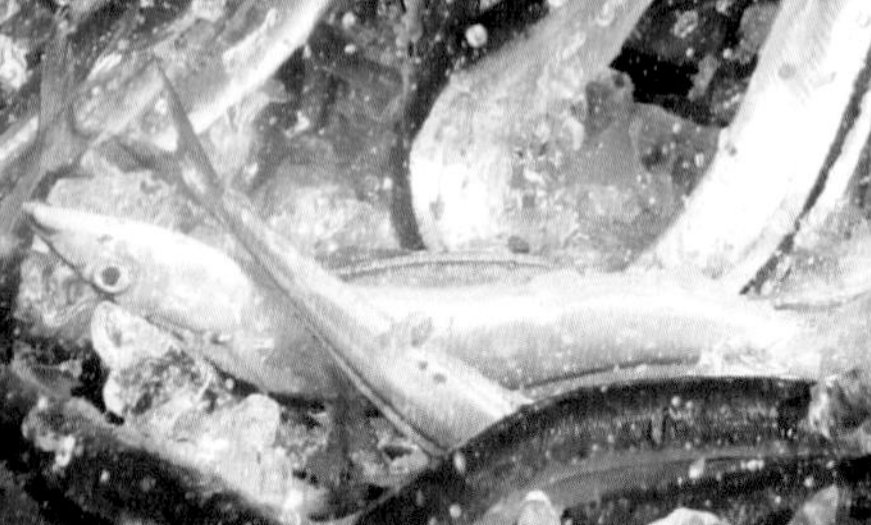

【2019年2月】大船渡に春を告げるイサダ漁

【2020年6月】大船渡市魚市場に水揚げされた「サンデーカツオ」

【2020年8月】大漁旗をなびかせる鎌田水産の新造船

【2017年12月】越喜来地区の干鮑(かんぽう)作り。
天日干しで2カ月間、じっくりうまみを凝縮させる

【2017年11月】小石浜漁港から出荷される「恋し浜ホタテ」

【2020年11月】待望のアワビ漁の口開け。さおを巧みに操り、手際よく「海の小判」を採っていく=大船渡市三陸町吉浜

釜石市

Kamaishi

【2019年7月】津波で大きな被害を受けた釜石市中心部は、ハード整備がほぼ完了した

【2021年1月】完成した唐丹町の防潮堤。手前の住宅地だった場所は漁具置き場などに整備される

【2020年7月】箱崎漁港では県内最大級となる高さ14.5メートルの防潮堤工事が進む

【2011年12月】がれきが撤去された商店街。アーケードも解体された

【2014年6月】イオンタウン釜石がオープンした一方、周辺は建物の解体が進んだ

【2020年12月】釜石市民ホール「TETTO（テット）」が整備された中心商店街

■震災前の釜石市中心部

Kamaishi

釜石市

鵜住居町

Unosumai

「すぐ逃げる」脈々と

【2020年9月】防災訓練で頭巾をかぶり、釜石東中のある高台へ向かう鵜住居小の児童たち。堀村克利校長は「想定を信じず、最善を尽くすこと」と呼びかけた

【2020年3月11日】鵜住居町にある「釜石祈りのパーク」。震災犠牲者の名前が刻まれている

■震災前の釜石市鵜住居町

【2019年9月25日】ラグビーワールドカップの試合直前、航空自衛隊の飛行チーム「ブルーインパルス」が鵜住居町の上空に白い線を描いた

【2020年7月】鵜住居小と釜石東中の合同避難訓練。震災の教訓を「震災を知らない世代」に受け継いでいく

【2011年5月】左手前の建物は釜石東中と鵜住居小。子どもたちは迅速な判断で高台へと避難した

【2020年2月】まだ空き地が目立つ鵜住居町。正面奥に見えるのは移転再建された釜石東中と鵜住居小

ラグビーのまち　前へ

【2020年1月】最終戦に逆転勝ちし、過去最高の4位でリーグ戦を終えた釜石シーウェイブスRFC＝東京・秩父宮ラグビー場

【2019年6月】復興スタジアムを彩る「ありがとう貝画」。ホタテの貝殻などで制作した

【2020年9月25日】釜石鵜住居復興スタジアムで行われたラグビーW杯フィジー対ウルグアイの試合前、巨大フラッグで復興支援への感謝を世界に発信した

釜石市
Kamaishi

【2020年10月】復興スタジアムで行われたラグビーW杯1周年イベントの記念試合。釜石シーウェイブスRFCの選手たちは果敢なプレーでスタンドを沸かせた

【2020年12月】浜辺でのけいこに励む照井心陽さん（中央）は、震災翌日に生まれた

【2020年8月】流失した砂浜がよみがえった根浜海岸

【2020年7月】根浜の海でシュノーケリングを楽しむ子どもたち

【2020年2月】防潮堤の整備など、復興事業が進む大槌町安渡地区

【2011年6月】大槌小校庭に並ぶプレハブの町役場仮庁舎（手前）

【2014年6月】町役場は改修した旧大槌小校舎に移った（写真中央の建物）

【2011年5月】大槌町中心部

【2020年2月】大槌町中心部

震災前の大槌町

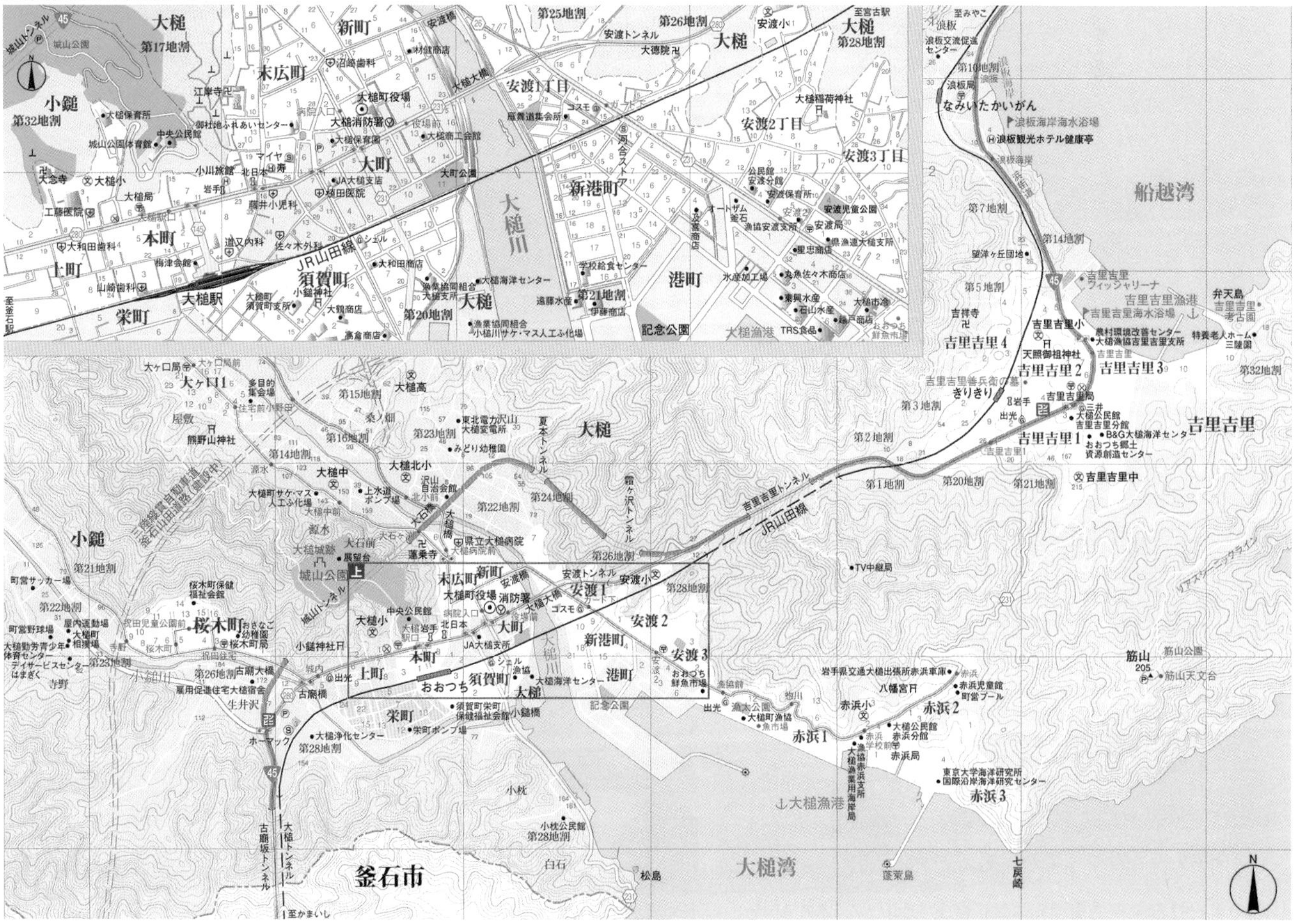

地域つなぐ伝統芸能

大槌町
Otsuchi

【2021年1月1日】悪疫退散を願い、天照御祖（あまてらすみおや）神社の境内で舞う吉里吉里大神楽（だいかぐら）

【2020年9月】疫病退散を願う臼沢鹿子踊（ししおどり）

【2020年7月】吉里吉里海岸の砂地に群生するエゾノコウボウムギ

【2020年2月】大槌稲荷神社で震災後初めて行われた豆まき

【2020年9月】小中学生が扮した福の神が軽やかに舞う雁舞道（がんまいどう）七福神

【2020年9月】告知なしの「自主公演」で、迫力ある舞を繰り広げる大槌城山虎舞(手前)と陸中弁天虎舞

【2020年3月18日】全線再開を翌々日に控え、試験走行で大槌駅を通過する三陸鉄道の車両

【2019年12月】大槌町が発祥とされる新巻きザケ

山田町

Yamada

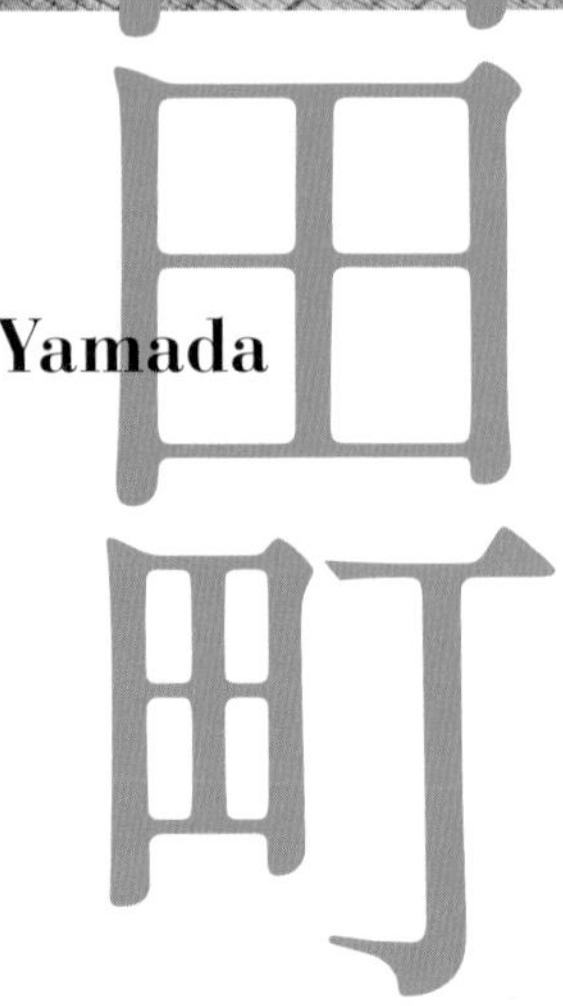

【2019年8月】高台に住居が並ぶ船越地区

【2019年3月23日】三陸鉄道リアス線が全線開通し、陸中山田駅は祝福ムードに包まれた。右奥に見えるのはオランダ島

【2020年8月】中心部で整備が進む巨大防潮堤と水門

■震災前の山田町

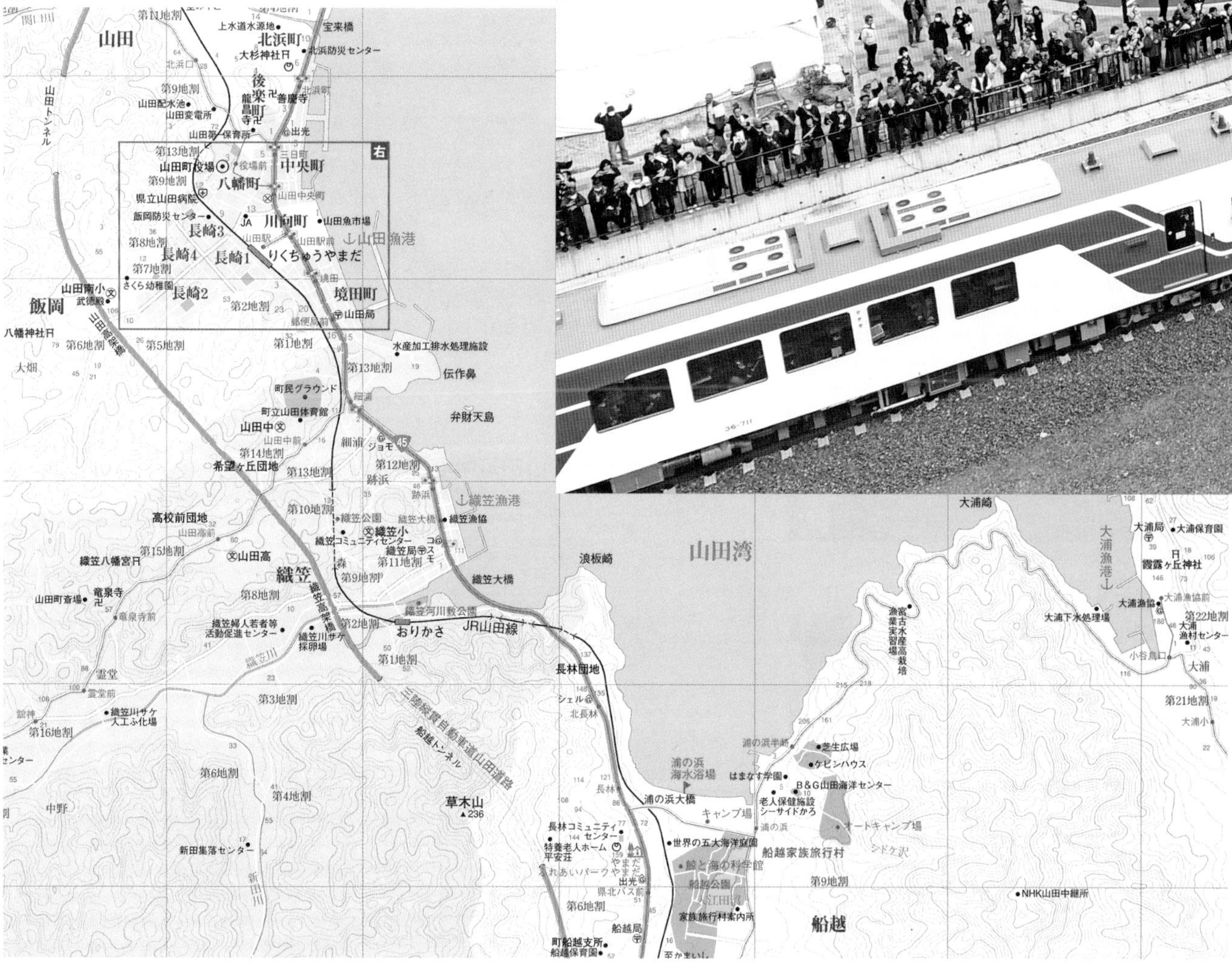

祭りも自然も全てが宝

山田町 Yamada

【山田町中心部】㊤2020年2月　㊦2015年10月

【2020年8月】浦の浜海水浴場で行われた山田高と雫石高の「海の運動会」

【2020年11月】大粒のカキが味わえる「三陸山田かき小屋」

■震災前の山田町中心部

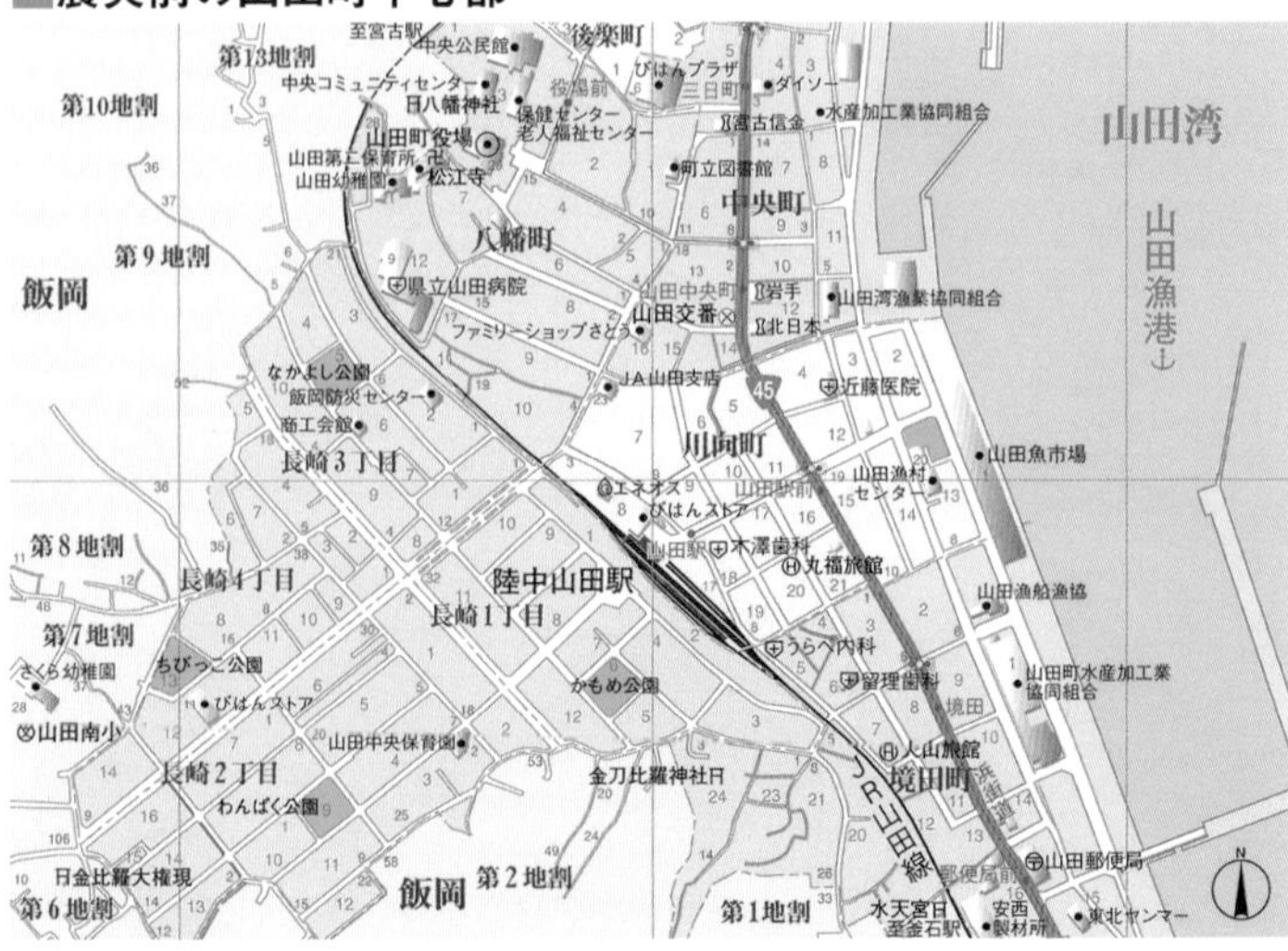

【2019年9月】青空の下、威勢よく練り歩く山田八幡宮のみこし

【2020年5月】田んぼで泥遊びを楽しむ豊間根小の子どもたち

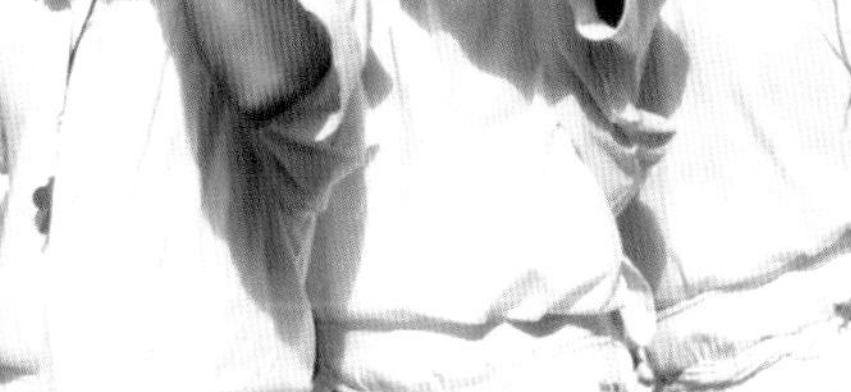

【2019年8月】オランダ島への臨時便

【2020年4月】鮮やかに咲き誇る船越公園のチューリップ

宮古市

Miyako

【2020年12月】閉伊川河口付近から望む宮古市の街並み。建設中の水門は完成が2026年度にずれ込んだ

【2020年6月】解体された市役所旧庁舎。跡地は市民が集う場として整備されることに

【2020年2月】解体作業中の市役所旧庁舎

【旧宮古市役所4階から】上…防潮堤を越えた津波　下…2015年10月

■震災前の宮古市

【2020年8月】磯鶏地区でも住宅再建が進み、宮古港インターチェンジが開通した

【2020年4月】コロナ禍のあおりを受けた「学ぶ防災」。週末にもかかわらず防潮堤を訪れる人はほとんどいない

【2019年5月】大漁を祈願し、田老漁港からパレードする地元の漁船

宮古市 田老

Miyako Taro

【2020年5月18日】復興まちづくりの新たな拠点となる三陸鉄道の新田老駅。X字型で知られる防潮堤の再建も進む

■震災前の宮古市田老

【2011年3月27日】津波は海側と陸側がX字を描く巨大防潮堤を越え、田老地区の街並みを一変させた

【2020年5月18日】上…列車に手を振り、新駅開業を喜ぶ地元の人たち　下…新田老駅と一体で整備した宮古市田老総合事務所

笑顔を呼ぶ海の恵み

宮古市 Miyako

【2018年2月】宮古市の冬の味覚を代表する毛ガニ

【2020年4月】新型コロナウイルスの影響で、アサリ漁もマスク姿に

【2020年9月】餌付けを体験する「うみねこパン」の製造スタッフら

【2021年元日】現行船では最後となるみやこ浄土ケ浜遊覧船から初日の出を望む

【2020年11月】サケ不漁が続く中、お神酒をささげ豊漁を祈願した又兵衛祭

【2020年12月】津軽石川で採捕したサケの直売所。初日は約800匹が並んだ

【2020年4月】海面養殖の「宮古トラウトサーモン」。初年度から高値が付き、関係者の期待が高まる

【2019年11月】カキの身入りを確認し、笑顔を広げる津軽石牡蠣養殖組合産直部会のメンバー

岩泉町 小本

Iwaizumi Omoto

【2019年6月】岩泉町小本地区も水門を越えた津波にのみ込まれた。小本川河口付近は防潮林の再生が進む

【2015年12月】完成した小本津波防災センター。役場支所や診療所も入った

【2016年2月】海から離れた三陸鉄道の小本駅西側。集団移転地となり、小本小と小本中も移転新築された

【2021年1月】運航を終える浄土ケ浜遊覧船に花を添えた中野七頭舞

【2020年12月】小本中の体育館の外壁にお目見えした中野七頭舞のモザイクアート

■震災前の岩泉町小本

【2017年9月】被災跡地に整備された産直「浜の駅おもと愛土館」。施設名の由来「あいどがん」は、小本の方言で「一緒に行こう」を意味する

田野畑村

Tanohata

【2020年2月】整備が進む田野畑村島越の水門。台風19号の影響で完成が20年度末に延びた

【2012年2月】大津波で破壊された三陸鉄道島越駅近くの高架。線路が大きくうねり、無残に断ち切られた

【1984年4月1日】三陸鉄道の開業日。島越駅にも大勢の人が詰めかけ、祝福ムードに包まれた

【2017年8月】島越ふれあい公園に設置された津波高表示塔。平成の大津波は高さ17.9㍍に達した

■震災前の田野畑村

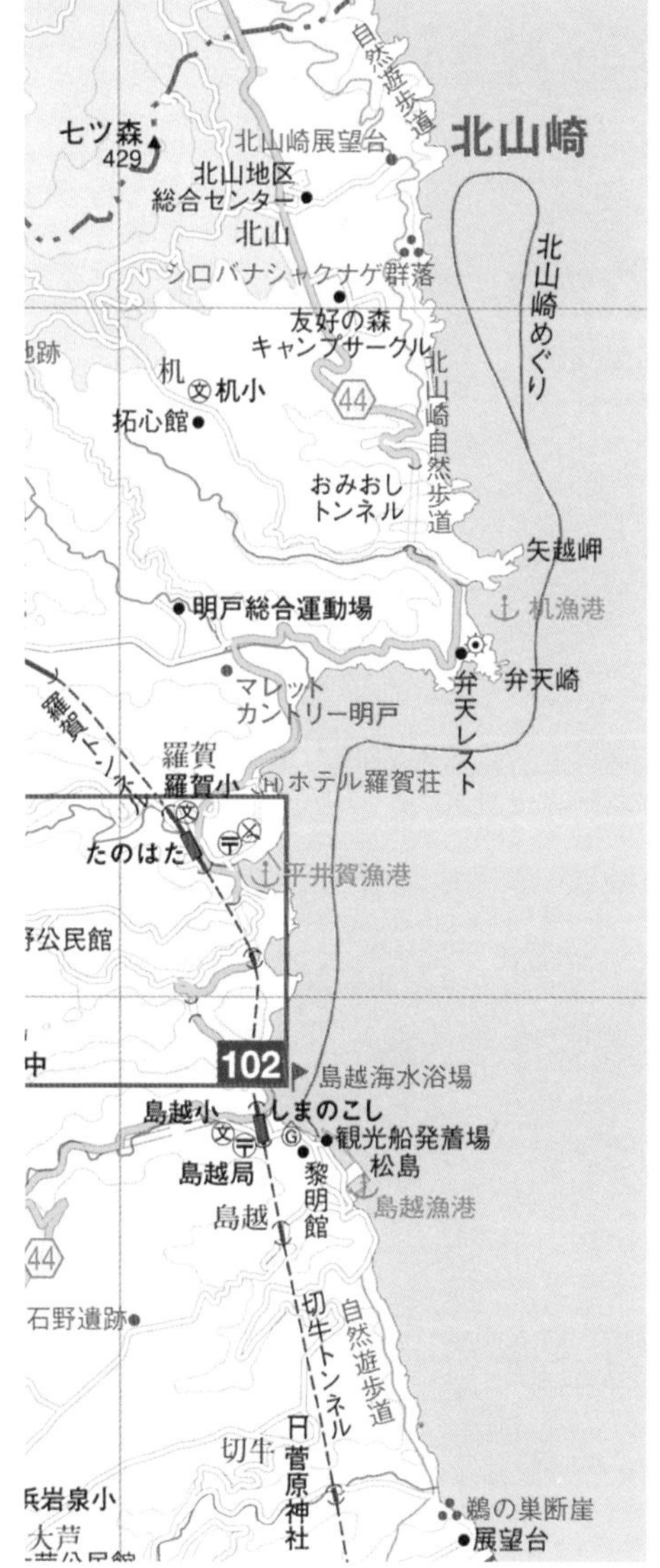

【2019年10月】小型無人機で上空から撮影した島越地区。明治と昭和の大津波でも大きな被害を受けた

Tanohata 田野畑村

【2018年11月】平成の大津波は、羅賀地区（左）と平井賀地区（右）にも大きな被害をもたらした

【2018年6月】番屋群が再建された机地区では机浜海水浴場もオープンした

【2018年4月】北山崎の迫力ある景観を楽しむサッパ船ツアー

【2011年3月13日】がれきが散乱する震災直後の羅賀漁港付近

【2018年6月】羅賀ふれあい公園に建立された津波慰霊碑

【2019年10月】重さ約100㌧。大津波で約15㍍動いたとされるハイペ海岸の「津波石」

【2019年12月28日】台風19号で不通だった三陸鉄道の田老ー田野畑間。田野畑駅では地元住民が大漁旗を振り、運行再開を喜んだ

普代村

Fudai

【2019年5月】普代村特産のすき昆布。鮮やかな緑色と磯の香りが初夏の訪れを告げる

【2020年12月】漁港が津波にのまれた太田名部地区。震災後、分散していた墓地を集約した(右下)

【2020年10月】一面の太平洋を望むことができる三陸鉄道の大沢橋りょう

【2017年7月】待ちに待った海開きで大はしゃぎ

【2019年6月】地引き網を体験する子どもたち

【2018年11月】故和村幸得元村長の顕彰碑。村を津波から守った普代水門は、和村元村長の先見の明がなければ実現しなかった

【2019年10月】沿岸部に記録的豪雨をもたらした台風19号。普代村も土砂災害や冠水で大きな被害を受けた

【2019年6月】白い砂が広がる普代浜。大津波の痕跡は一見しただけでは分からない

震災前の普代村

【2019年2月】黒崎展望台から、なだらかに広がる海成段丘を望むことができる

【2020年7月】ホタテのおいしい焼き方の手ほどきを受ける地元中学生。野田特産「荒海ホタテ」は肉厚の身が自慢だ

【2020年3月】十府ケ浦海岸駅を発着するレトロ列車

野田村

Noda

■震災前の野田村

【2019年1月】米田・南浜地区は高台移転が完了し、昭和と平成の津波記念碑が立つ

【2018年3月】防潮堤、三陸鉄道、国道45号の三つの「堤防」がまちを守る

【2019年1月】野田村の震災犠牲者は関連死を含め県北沿岸部最多の39人。大津波記念碑には「二度と村民の命を失わないように」との願いが込められている

【2019年5月】中心部が壊滅的な被害を受けた野田村。街並みは一変したが、十府ケ浦海岸の防潮堤も再建され、穏やかな日々を取り戻しつつある

久慈市

Kuji

【2020年3月】久慈市街地（写真奥）と洋野方面をつなぐ三陸道侍浜インターチェンジが開通。中心部でも急ピッチで三陸道の整備が進む

【2019年9月】斜面に住宅が集まる久喜地区。右下の漁村センター前に二つの津波記念碑が並ぶ

【2019年11月】小袖地区は、高台の集落に昭和の津波記念碑がある

【2020年11月】最盛期を迎えたイクラ加工作業。一粒一粒を丁寧に扱う

【2019年12月】サケ不漁の中、久慈港はサバの大漁に活気づいた

【2019年11月】大尻地区で水揚げされた約150㌔のアワビ。漁業者にとっては「冬のボーナス」だけに、浜は活気に包まれた

洋野町

Hirono

【2019年9月】11メートルの津波が襲来した洋野町種市の川尻地区。防潮堤が機能し、大きな被害は免れた

【2018年7月】伝統の南部潜りで種市漁港に水揚げされた天然のホヤ

【2019年9月】有家浜海岸で開かれたサーフィン大会。参加者が華麗な技を競った

【小子内地区】2020年5月

【宿戸地区】2019年12月

【八木地区】2018年10月

【2020年2月】南部潜りを体験する関東からのツアー客

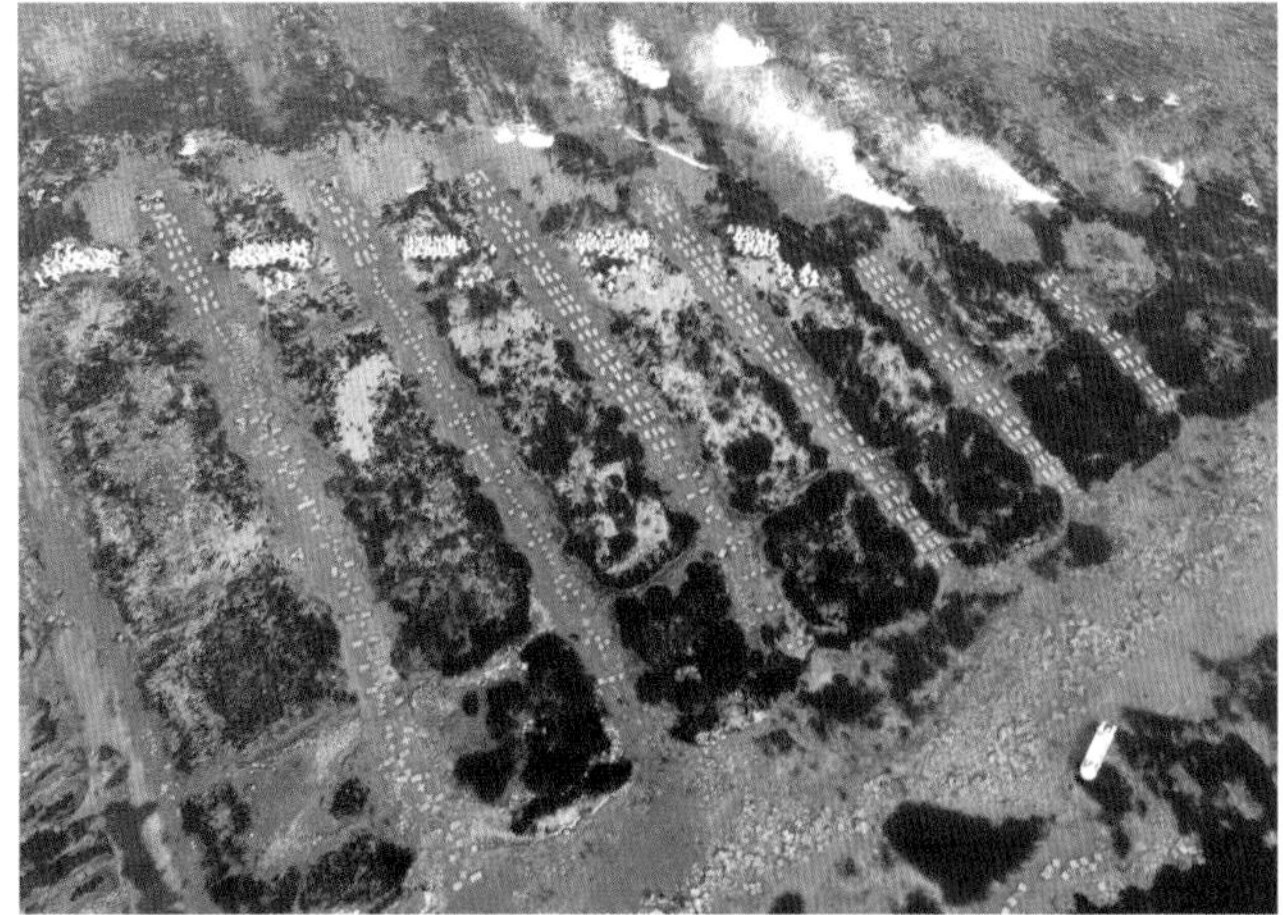

【2020年5月】遠浅の岩盤を削って造られたウニの増殖溝

震災10年の歩み

❶釜石・天照御祖（あまてらすみおや）神社例大祭＝2012年5月　❷三陸鉄道南リアス線再開＝2014年4月5日、釜石駅　❸避難所閉所で感謝の「子ども七福神」＝2011年6月、大船渡市末崎町碁石地区　❹釜石・石応禅寺の「万灯供養」＝2012年8月　❺気仙茶の摘み取り＝2011年6月、陸前高田市気仙町　❻2日間限定「北三陸駅」＝2014年4月4、5日、久慈市・三陸鉄道久慈駅　❼世界遺産登録の釜石・橋野鉄鉱山＝2015年7月　❽復活した引き船海上パレード＝2015年5月、宮古市・田老漁港　❾大漁旗で釜石SW対ヤマハに声援＝2011年6月、釜石市・松倉グラウンド　❿仮設住宅彩るハートマーク＝2015年9月、釜石市中妻町　⓫古学校地域の木製の碑＝2013年、大槌町安渡　⓬復興居酒屋がんばっぺし＝2013年9月、大船渡市大船渡町

写真と年表で振り返る

⑬釜石東中デザインの三陸鉄道車両＝2019年3月　⑭ラグビーW杯フィジー対ウルグアイ＝2019年9月、釜石市鵜住居町　⑮かさ上げ地でまちびらき＝2016年3月、大槌町町方地区末広町　⑯復興祈るキャンドルナイト＝2019年3月、普代村　⑰田野畑村の盆踊り大会＝2017年10月　⑱三陸鉄道5カ月ぶり全線再開＝2020年3月、山田町・織笠駅　⑲末崎中のワカメ収穫体験＝2020年1月、大船渡市・門之浜湾　⑳気仙丸の修復作業＝2020年8月、大船渡市　㉑初開催の鍬ケ崎元気市＝2020年11月、宮古市・鍬ケ崎七滝公園　㉒浄土ケ浜まつりで高校生合唱＝2020年10月、宮古市日立浜町　㉓震災不明者の捜索＝2017年7月、山田町・オランダ島沖　㉔開通した三陸道釜石北ー大槌＝2019年6月、大槌町

3・9 大船渡で津波60センチ
午前11時45分ごろ、三陸沖を震源とするM7・3の地震が発生。津波注意報が発令され、大船渡で60センチの津波を観測

津波注意報の発令を受けて一時避難場所から南区公民館へ移動する越喜来小の児童＝2011年3月9日、大船渡市三陸町越喜来

3・11 **午後2時46分、三陸沖M9・0大津波**
三陸沖を震源とする国内観測史上最大のマグニチュード（M）9・0の地震が発生。本県など太平洋沿岸に大津波襲来

3・12 東京電力福島第1原発で国内初の炉心溶融

3・13 津波注意報すべて解除

3・14 岩手日報で避難者の名簿掲載開始

3・16 三陸鉄道北リアス線陸中野田―久慈間の運行再開

3・17 釜石港に救援物資を積んだ国土交通省の船舶「清竜丸」が接岸
県警、緊急通行路に指定していた国道12路線の規制を解除
警察や消防、自衛隊による生存者の捜索活動終了
大船渡市・第一中の生徒有志が学校新聞「希望」第1号発行

3・18 大船渡市の綾里中卒業式。体育館が避難所のため、教室で卒業証書授与
宮古・愛宕小で卒業式。避難者や消防団員らがアーチで門出祝う
「広報りくぜんたかた」臨時号第1号を発行

ガソリン求める行列＝3月18日、大船渡市

大船渡・綾里中卒業式

宮古・愛宕小卒業式

3・19 陸前高田市・第一中グラウンドで仮設住宅の建設が始まる
被災者の内陸部への宿泊施設移送を開始。第1陣として釜石市から北上市へ25人
JR貨物の「石油列車」、盛岡市の盛岡貨物ターミナル駅に到着
加藤宏暉大槌町長の死亡確認

3・20 三陸鉄道北リアス線宮古―田老間の運行再開
大船渡市で被災車両の撤去始まる
沿岸被災地へのガソリンや灯油の供給本格化
陸前高田市、市学校給食センター北側に仮庁舎を開設

3・22 宮古市の臨時災害ラジオ「みやこさいがいエフエム」放送開始
高速道の一関以北で全車両の通行可能に
釜石市で仮設住宅建設始まる

3・24 JR山田線、盛岡―宮古間の運転再開

3・26 県警、沿岸被災地に運転免許証再交付の受け付け臨時窓口を開設

3・28 県営住宅の入居募集開始。被災した高齢者世帯などを対象に

3・29 三陸鉄道北リアス線宮古―小本間の運行再開

3・31 陸前高田市の大船渡署高田幹部交番、鳴石団地内に仮庁舎開設

3月 県指定文化財「吉田家文書」、水没した陸前高田市立図書館から発見。県立博物館で修復作業

4・1 被災した釜石市の私立釜石保育園、閉園したばかりの私立釜石南幼稚園で保育再開

4・4 宮古市、被災者用住宅として市営住宅と雇用促進住宅への入居手続き開始

4・4 大船渡市のさいとう製菓、菓子製造ラインを稼働。「かもめの玉子」関連商品を3万個製造

4・6 JR釜石線が全線復旧

4・7 三陸鉄道北リアス線小本―陸中野田間で代替バス運行
東日本大震災の余震。大船渡市や釜石市などで震度6弱を記録。本県沿岸に一時、津波注意報

4・8 遠野市に県遠野災害ボランティア支援センター開設

4・9 陸前高田市で仮設住宅への入居始まる

4・10 大船渡市三陸町越喜来の崎浜地区の子どもたちが防潮堤に手作り看板設置

さいとう製菓の工場

みやこさいがいエフエム

陸前高田市の仮設住宅建設

2011年

震災 7日

教室で卒業証書授与 3・18

4・11 宮古市魚市場が業務再開
釜石市で「かまいしさいがいエフエム」開局

4・13 新日本製鉄釜石製鉄所、線材の生産再開

4・15 NTT東日本、公衆電話の無料化を午前0時で終了
陸前高田市の公私立の保育所6施設が保育再開

4・18 三浦知良選手らJ2横浜FC、釜石市の甲子小を訪れ子どもたちを激励
北里大三陸キャンパスを2011年度から5年間使用中止に。学校法人北里研究所の柴忠義理事長、大船渡市を訪れ正式に伝える

4・20 本県と宮城、福島の3県に限り、地上デジタル放送への完全移行を最大1年間延期
山田町・大沢小の児童会執行部が学校新聞「海よ光れ」78号を発行。避難住民やボランティアスタッフらに配る
北東北インターハイのセーリング開催、宮古市に代わり秋田県由利本荘市が受諾

4・21 大船渡市のさいとう製菓、「かもめの玉子」の販売再開

4・22 陸前高田市に仮設給油所オープン。エクソンモービル・ジャパングループや国が支援

4・25 津波で全壊した大槌町役場の仮庁舎開所
大槌町の県立大槌病院の仮設診療所、上町ふれあいセンター内に開設

4・26 被災した山田町のスーパー「びはん」、旧山田病院店をオープン
全壊した陸前高田市の陸前高田郵便局、仮設店舗で業務再開。全壊・流失した郵便局で初

4・28 震災発生から四十九日。県内各地で慰霊の法要

4・29 さいとう製菓の仮本店オープン

5・1 陸前高田市のけせん朝市始まる

5・2 全壊した陸前高田市のみそ、しょうゆ製造販売の八木沢商店、一関市の営業所から第1便出荷
陸前高田市の高田高、仮校舎の大船渡東高萱中（かやなか）校舎で1カ月遅れの始業式。県内被災地の全ての公立小中学校と県立学校が再開

陸前高田郵便局

高田高始業式

大沢小が学校新聞発行

震災 5 2日

1カ月遅れの始業式 5・2

5・3 被災した大船渡市三陸町越喜来のガソリンスタンドで、越喜来小児童が「未来の越喜来」を描いた絵画の展示始まる

5・6 天皇、皇后両陛下、被災者お見舞いで本県入り。釜石、宮古両市の避難所を訪問

5・10 ピアニスト小山実稚恵さん、釜石市・双葉小で慰問演奏
高田高が入学式。県内高校で最も遅く
大槌町赤浜地区で釜石市の観光船はまゆりのつり下ろし作業。重さ約200トンの船が津波で2階建て民宿に乗り上げた

5・13 大船渡市のアマタケふ卵場で、震災後初めてひながふ化

5・15 避難所となっている宮古市のグリーンピア三陸みやこ敷地内に、仮設共同店舗「たろちゃんテント」がオープン
災害ボランティアの拠点になっている住田町の大股地区公民館で親睦会

5・16 陸前高田市役所、国道340号沿いの「第1仮庁舎」で窓口業務スタート

5・18 大船渡市のジョブカフェ気仙、大船渡地区合同庁舎内で業務再開

5・19 宮古市の藤原埠頭に打ち上げられていた大型クレーン船・旭隆号が70日ぶり着水

5・20 「元祖菅田のいかせんべい」の宮古市の「すがた」が営業再開

5・21 宮古市の重茂地区で天然ワカメ漁口開け。漁船の大量流失などを受け、初の共同運営方式
全国から寄せられた絵本を積んだ移動図書館車「えほんカー」始動。野田村保育所を訪問

5・23 宮古市の浄土ケ浜ビジターセンター、施設の一部再開

5・26 宮古市魚市場に岩泉町・小本浜漁協所属の漁船が入港。クロマグロ11匹（645キロ）水揚げ

5・28 県内の停電すべて解消
野田村の老舗菓子店まるきん大沢菓子店が営業再開

5・30 大船渡市、被災車両の持ち主への引き渡し開始

宮古・重茂の天然ワカメ漁

たろちゃんテント

観光船はまゆり

6・1 被災した大槌町の大槌保育園、浸水区域外に完成した仮設園舎で保育再開
宮古署山田交番、プレハブ2階建ての仮庁舎で業務再開
釜石市の藤勇醸造、看板商品のしょうゆ製造を再開

6・2 一時避難の内陸部から「帰郷」する被災者のためのバス運行開始
二戸市・天台寺の名誉住職瀬戸内寂聴さん、野田村・野田小で子どもたちを励ます

6・4 山田町の「なかよし公園商店街」オープン
日本相撲協会、山田町と大槌町を皮切りに巡回慰問。横綱白鵬関の土俵入りや、力士によるちゃんこの炊き出し

6・5 北海道函館市内の5漁協、久慈市漁協に小型漁船（磯舟）228隻を無償提供。第1便の83隻が久慈新港に到着
ラグビーの釜石シーウェイブスRFC、松倉グラウンドにトップリーグのヤマハを迎え、震災後初めて地元で試合

6・7 普代村で天然ワカメ漁口開け。被災を免れた小型漁船で共同作業
陸前高田市の広田湾でカキの養殖作業再開

6・8 陸前高田市米崎町で食堂「仙華園」がプレハブ店舗で営業再開

6・9 釜石市でキッチンカーによる弁当販売始まる

6・10 陸前高田市広田町で田植え。塩害対策を施した約1㌃で作付け

6・11 釜石市の「岩手東海新聞」の元従業員ら、市の広報紙を兼ねた地域紙「復興釜石新聞」を創刊
大船渡市の浦浜念仏剣舞が太鼓2張りの魂入れと打ち初め。約10年前から交流がある東京都の郷土芸能公演団体が寄贈
沿岸各地の女性たちが漁網で製作した「浜のミサンガ『環』」を限定販売

6・12 有名バンド・アーティスト11組、宮古市魚菜市場で無料ライブ

6・13 陸前高田市で気仙茶の茶摘み。大船渡東高農芸科学科の生徒も手伝い

6・14 陸前高田市の居酒屋「酔い処・俺っ家（おれっち）」、盛岡市で再出発
陸前高田市の高田松原で唯一残った松の接ぎ木に成功。独立行政法人森林総合研究所林木育種センター東北育種場（滝沢村）が発表

函館から到着した磯舟

広田湾のカキ養殖作業

復興釜石新聞

6・16 被災した山田町の「家族割烹鮨魚河岸」、盛岡市に新店舗「山田魚河岸」をオープン
洋野町・八木港でウニ水揚げ、出荷

6・18 震災から100日目
大船渡市の金津流浦浜獅子躍保存会、地元の浦浜地区で犠牲者を供養する舞
大槌町の大槌中校庭で合同慰霊祭

6・19 大槌町・浪板海岸でサーフィン愛好者ががれき撤去や清掃

6・20 被災者らを対象にした高速道無料化スタート
釜石市の小野食品、本社第2工場で生産再開
復興基本法が参院本会議で可決、成立

6・22 陸前高田市の産直「陸前高田ふれあい市場」オープン。被災農家らが再建誓う
山田町、宮古市、大船渡市で行方不明者の死亡届受け付け始まる
大船渡市の太平洋セメント大船渡工場、がれきの焼却処分を開始
宮古市の菱屋酒造店、津波に漬かった貯蔵タンクから見つかった日本酒「千両男山」を「津波から生き残った奇跡の酒」として出荷
陸前高田市の神田葡萄園、ジュース製造を本格的に再開

6・23 普代村などで震度5弱。本県沿岸に一時津波注意報発令
宮古市内のがれきを船で岩泉町に運ぶ作業、本格的に始まる

6・24 三陸鉄道南リアス線鍬台トンネル内に停車し、難を逃れた車両を吉浜駅まで移動

6・25 宮古市の黒森神楽、仮設住宅団地になっているグリーンピア三陸みやこで慰問公演

6・26 陸前高田市の農事組合法人「採れたてランド高田松原」、竹駒町で営業再開
陸前高田市気仙町の長部地区約90世帯で水道復旧。震災108日目で市内全域の断水解消
大船渡市末崎町の碁石地区コミュニティーセンターの避難所閉所式

6・27 県立大槌病院、新たな仮設診療所で診療開始
震災で発生した水産廃棄物の海洋投棄始まる
普代村の二子網、太田名部沖で震災後初の定置網漁

黒森神楽の慰問公演

洋野・ウニ水揚げ

大槌町合同慰霊祭

震災124日

沿岸部の断水解消 7・13

6・29 陸前高田市立海と貝のミュージアムで流失を免れたツチクジラのはく製、修復のため茨城県・国立科学博物館収蔵庫へ

6・30 大破した大船渡港・湾口防波堤跡に設置される仮設ブイが野々田埠頭に到着。ブイには名古屋市の子どもたが復興を願うメッセージ

7・1 大船渡市の大船渡魚市場に、震災後初めて地元の定置網漁の本格水揚げ

野田村の小中学生による「こども新聞社」、初めての新聞を仮設住宅で配布

7・2 陸前高田市の広田中、小友小グラウンドで運動会。間借りする広田小校庭には仮設住宅が立つため

釜石市立鉄の歴史館で「東日本大震災復興支援・釜石市民結婚式」

7・4 野田村内の仮設住宅が全て完成。住民の引っ越し終了し、村内全4カ所の避難所を閉鎖

県立山田病院、町総合運動公園内に整備した仮設診療所で外来診療を開始

田野畑村で仮設住宅への入居が完了。全ての避難所を閉鎖

7・5 釜石市、水海グラウンドとテレトラック釜石のがれき仮置き場から金属類の搬出開始

7・6 盛岡市、宮古市の旧宮古高川井校を利用した「かわいキャンプ」を開所

7・8 洋野町・宿戸中が新入生歓迎のロードレース大会。3カ月遅れの開催

7・10 陸前高田市と気仙沼市を結ぶ国道45号気仙大橋の仮の橋が開通

大船渡市三陸町越喜来地区の空き地に、地域住民と子どもたちがつくった遊び場完成

午前9時57分ごろ、宮城県沖を震源とする地震。大船渡で10センチの津波。震災後初

7・11 盛岡市が「もりおか復興支援センター」開所

7・12 陸前高田市・米崎中の全校生徒、恒例のカキ養殖体験

7・13 宮古市魚市場脇の仮置き場で、3万トンのがれきの移動完了

洋野・宿戸中のロードレース大会

大船渡に届いた仮設ブイ

陸前高田・広田中の運動会

震災137日

自衛隊の支援活動終了 7・26

7・13 釜石市両石地区と桑ノ浜地区の計19戸で上水道復旧。県内の断水すべて解消

宮古市の藤原埠頭に震災後初めてのコンテナ船入港

7・14 大船渡市立博物館が再開

7・15 遠野市に避難している被災者向け仮設住宅40戸が完成。愛称は「希望の郷『絆』」

宮古市・浄土ケ浜の観光遊覧船が運航開始

7・16 久慈市の小袖北限の海女の会、震災後初めての素潜り実演

7・17 釜石港に震災後初のコンテナ船寄港

宮古市の黒森神社例大祭

7・18 音楽家・坂本龍一さん、住田町の木造一戸建て仮設住宅を訪問。町独自の取り組みに賛同、支援続ける

7・21 東京海洋大と山田町、鯨と海の科学館が所蔵するマッコウクジラの全身骨格標本の補修と共同研究

7・24 久慈市の舟渡海水浴場で海開き。岩手、宮城、福島3県の主要な海水浴場で唯一

7・25 県立高田病院、仮設診療所での診療開始

7・26 自衛隊、本県での支援活動終了。県庁で感謝式

7・27 豪華客船「飛鳥Ⅱ」が大船渡港に入港

7・29 田野畑村の観光ツアー「サッパ船アドベンチャーズ」再開

8・4 釜石市の釜石魚市場、第2魚市場を整備して全面再開

スーパーマーケットのマイヤ、陸前高田市竹駒町に仮設店舗開店

8・5 皇太子ご夫妻、被災者を見舞うため大船渡市を訪問

全壊した久慈市の地下水族科学館「もぐらんぴあ」に代わるまちなか水族館、空き店舗を利用してオープン

大船渡市の大船渡魚市場で「負けないぞ大船渡・復興芸能まつり」

8・6 大船渡市で盛町灯ろう七夕まつり始まる

釜石市・平田総合公園の仮設住宅240戸が完成。市内の仮設約3100戸すべて完成

県医師会、陸前高田市・第一中に高田診療所を開設

8・7 陸前高田市で「気仙町けんか七夕祭り」と「うごく七夕まつり」

田野畑・サッパ船アドベンチャーズ

久慈・まちなか水族館

久慈・舟渡海水浴場の海開き

2011年

8・8 大槌町の赤武酒造、盛岡市で操業再開
宮古市の出崎地区産地直売施設組合、仮設住宅団地を回る移動販売始める

8・10 釜石市と宮古市、公共施設などに設置していた避難所をすべて閉鎖

8・11 県内の仮設住宅1万3983戸すべて完成
大槌町の避難所すべて閉鎖

8・12 陸前高田市で最大規模だった第一中の避難所で閉所式。自治会「絆の丘」も解散式

8・15 陸前高田市の盆行事「気仙川川開き」
田野畑村で成人式。観光船での海上記念行事は中止

8・16 大船渡市三陸町越喜来の送り盆行事「三陸港まつり」

8・17 県立釜石病院が耐震補強工事を終え、重症患者の受け入れを再開。震災前の診療機能ほぼ回復

8・20 全壊した大槌町立図書館が業務を再開
北里大海洋生命科学部の関係者、大船渡市の越喜来漁協の漁場で潜水調査

8・22 陸前高田市国保広田診療所が仮設診療所開設
震災後初となるサンマ約25トン、大船渡に水揚げ

8・25 県共同実習船りあす丸、宮古市の藤原埠頭から遠洋航海に出発

8・27 陸前高田市の矢作小、延期していた開校式を行う。生出、矢作、下矢作の3校が統合
大船渡中の体育祭、大船渡小で開催
野田村で復興イベント始まる。のだ観光まつりが中止されたものの、ボランティアの発案で実施

8・29 1階まで浸水した宮古市の宮古工高の復旧工事完了。5カ月半ぶりに元の校舎で授業再開

8・31 山田町が4カ所の避難所閉鎖。県内の公共施設や宿泊施設に設置されていた避難所すべて解消

9・1 洋野町で放流に向けたウニの採卵作業。種苗がすべて流失したが仮復旧を間に合わせた

9・3 普代村のふだいまつり始まる

9・4 東京・目黒駅前商店街で第16回目黒のさんま祭り。宮古のサンマ振る舞う

9・7 宮古市の津軽石保育所が仮園舎の開所式

9・10 陸前高田市内の無料共同浴場「復興の湯」が閉鎖

9・11 震災から半年

野田村復興イベント

気仙川川開き

陸前高田市・第一中避難所閉所

9・13 宮古市の災害ボランティアセンター、生活復興支援センターと改称して開所
大槌町の吉里吉里小を間借りした大槌北小、安渡小、赤浜小がお別れ式。仮設校舎への移転を前に
宮古市の津軽石川河口で川サケ漁始まる。採卵施設やふ化場の被災乗り越え

9・14 釜石市が仮設住宅運営センターを設立。仮設住宅に関する相談を受け付け

9・16 仮設校舎に移る大槌町・大槌小、山田町の県立陸中海岸青少年の家でお別れの会。同じ施設を使った船越小とエール交わす

9・16 釜石市の仮設店舗「復興天神15商店街」のオープニングセレモニー

9・17 大船渡市・鎌田水産の新造大型サンマ船第18三笠丸の進水式。同社の新造船は震災後初
盛岡市で警察葬。震災で殉職・行方不明の県警警察官11人を悼む

9・19 岩泉町の共同仮設店舗「みらいにむけて商店街」オープン

9・20 大槌町内の4小学校、仮設校舎で授業開始。仮設校舎の利用開始は県内初。2日後には大槌中も授業開始

9・21 全壊した大槌町の日本料理店「岩戸」が一日復活イベント。100年以上続く老舗の味を被災者に弁当で提供

9・23 陸前高田市の企業経営者ら、復興事業を展開する新会社を設立
東京都港区の東京タワーで大船渡産サンマを振る舞うイベント

9・24 大槌町でいしがきミュージックフェスティバルの三陸前夜祭

9・25 仮設住宅群がある宮古市・グリーンピア三陸みやこに、共同仮設店舗「たろちゃんハウス」開店

9・30 遠野市の仮設住宅・希望の郷「絆」にサポートセンター開所

10・1 名古屋市のナゴヤドームで陸前高田太鼓フェスティバル。全国太鼓フェスティバルが中止となり、名古屋青年会議所が開催

10・3 盛岡市で中小企業者らの相談に乗る県産業復興相談センター開所式

10・5 大船渡市の三陸鉄道盛駅に駅舎を活用した「ふれあい待合室」開所
釜石市・平田診療所が開設
大槌町の広報おおつち、10月5日号から再開

仮設校舎で授業開始

大槌小と船越小

津軽石川の川サケ漁

震災153日

仮設住宅が全戸完成 8・11

- **10・7** 避難所で唯一残っていた宮古市の施設閉鎖。県内の避難所すべて解消
- **10・9** 陸前高田市の黒崎神社復興祈願祭
- **10・15** 釜石港で曳き船まつり。参加は2隻のみ
- **10・17** 一関市で酒造りを再開した陸前高田市の酔仙酒造、復活第1号となる「活性原酒雪っこ」を出荷
  釜石市鵜住居町に仮設診療所開所
- **10・19** 陸前高田市の広報りくぜんたかた、正規版で発行再開
- **10・20** 釜石港岸壁に乗り上げたままだった大型貨物船アジアシンフォニー（4724㌧）のつり下ろし作業。11月1日に広島へ
- **10・22** 陸前高田市・高田小で市の合同慰霊祭
- **10・23** 大船渡市・大船渡中が文化祭。2、3年生18人が仰山（ぎょうざん）流笹崎鹿踊りを披露
- **10・30** 釜石市に岩手大の三陸復興推進本部釜石サテライト、釜石市の現地で開所
- **10・31** 釜石市鵜住居町に仮設共同店舗「鵜はまなす商店街」オープン
- **11・1** 釜石市の県オイルターミナル、石油類や液化石油ガスの出荷再開
  陸前高田市第1号となる仮設共同店舗のオープニングセレモニー
- **11・2** 宮古市のがれきを東京都に搬出する作業始まる。全国に協力を呼び掛けた広域処理の第1弾
- **11・3** 三陸鉄道、野田村で復旧工事の安全祈願祭と起工式
- **11・4** 大船渡市の太平洋セメント大船渡工場、セメント生産を再開
- **11・5** 初の「津波防災の日」。野田村で大地震と津波を想定した避難訓練
  釜石市の花露辺町内会が復興祈念祭。地域伝統の荒神太鼓を震災後初めて披露
- **11・6** 野田村の仮設店舗でオープン第1号となる安来直売所が営業開始
  陸前高田市で「桜ライン311」植樹が始まる。津波の到達点にサクラを植樹、震災の記憶や津波の危険性を後世に伝える

アジアシンフォニー

広報りくぜんたかた

大船渡中の仰山流笹崎鹿踊り

震災210日

県内避難所すべて解消 10・7

- **11・7** 岩手開発鉄道が運転を再開。太平洋セメント大船渡工場に石灰石を運ぶ貨物専用鉄道
  大槌町魚市場が約8カ月ぶり再開
- **11・8** 陸前高田市・長部小の仮設グラウンド完成。一緒に学んでいる気仙小とともに利用開始
- **11・11** 大槌町中心部に「復興食堂」オープン。商店主や水産加工業者らで組織する一般社団法人おらが大槌夢広場が運営
- **11・14** 盛岡市で消防殉職者らの慰霊祭。震災で犠牲になった消防職員7人、団員90人、婦人消防協力隊員1人に祈りをささげる
- **11・17** 宮古市の国立宮古海上技術短期大学校の1年生、修繕を終えた練習船「月山」で海上実習
- **11・18** 支援物資拠点の滝沢村・岩手産業文化センターで、県が「在庫」の物資配布始める
- **11・21** 醸造設備が全壊した陸前高田市のヤマニ醤油、しょうゆとつゆなどの販売再開
- **11・25** 宮古市のがれき約10㌧を岩泉町の仮置き場から盛岡市クリーンセンターに搬入。内陸部の自治体の本格的な受け入れスタート
  釜石市に仮設共同店舗「青葉公園商店街」オープン。仮設商店街としては市内最大の34店舗
- **11・26** 田野畑村の菅窪と羅賀の両地区で仮設店舗が開業
- **11・29** 宮古市で支援物資配布会開始。アパートや借家などの「みなし仮設住宅」や在宅の被災者に優先日設ける
- **11・30** 陸前高田市の国道340号マイヤ滝の里店前の丁字路交差点に信号機を新設
- **12・1** 大船渡市のJR大船渡駅西側に仮設商店街「おおふなと夢商店街」オープン。市内では最大規模の33店舗・事務所
  東北地方の高速道路で新たな無料化開始
- **12・3** 「釜石ラーメン」発祥の店、新華園本店が営業再開
  野田村本町地区の仮設店舗オープン。村内最大の9事業所が入居

おおふなと夢商店街

桜ライン311

釜石の新華園本店

12・7 大船渡市の末崎中1年生、門之浜湾内で養殖ワカメの種糸巻き付け作業

12・9 全国優良石材店の会、釜石市・根浜海岸に津波記憶石を建立

12・10 陸前高田市の広田湾を望む高台に、震災モニュメント「希望の灯り」設置。神戸市の灯りから種火を受け継ぐ

12・11 釜石市でかまいしの第九演奏会。約400人の市民合唱団が鎮魂の歌声

12・13 「津波てんでんこ」の言葉を全国に広げた大船渡市の津波災害史研究者、山下文男さん死去。87歳

12・15 大槌町の赤武酒造、看板商品の清酒「浜娘」販売開始

12・17 大船渡市の仮設店舗「地の森八軒街」が営業開始

大槌町の大槌北小校庭に仮設商店街「大槌北小福幸きらり商店街」が開店。25業種39店は町内最大規模

12・19 釜石市と唐丹町花露辺（けろべ）地区住民、高台移転で合意。10世帯余が公営住宅や自力再建へ

釜石署、旧釜石二中校庭に建築した仮庁舎で業務開始

12・20 大船渡市の仮設飲食店街「大船渡屋台村」オープン。飲食店20店舗が軒を連ねる

12・22 全壊した大槌町のショッピングセンター「シーサイドタウンマスト」営業再開

12・23 陸前高田市や大船渡市、大槌町の仮設住宅などでサンタクロース姿に扮したボランティアがプレゼント配り始める。NPO法人遠野まごころネットが企画

12・23 釜石市の仮設店舗「平田パーク商店街」営業開始

大船渡市の仮設店舗「復興おおふなとプレハブ横丁」プレオープン

12・27 津波で全壊した釜石市大町の飲食店街「呑ん兵衛横丁」、仮設飲食店街で営業再開

スーパーマーケットのマイヤ、大船渡市に赤崎店オープン。仮設以外の新設店舗としては震災第1号

12・31 釜石市のJR釜石駅前広場で「釜石復興の鐘」除幕式

釜石・呑ん兵衛横丁　大槌北小福幸きらり商店街　大槌・シーサイドタウンマスト　大船渡屋台村　かまいしの第九演奏会

震災274日

神戸から灯火「希望」受け継ぐ

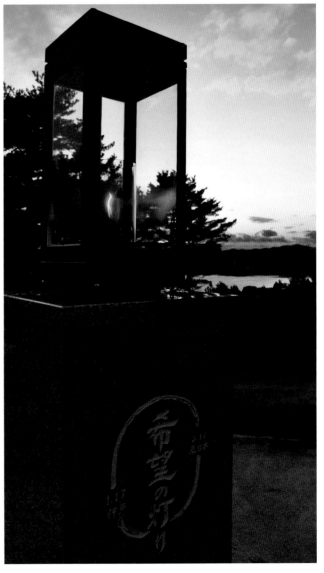

広田湾を望む陸前高田市小友町の気仙大工左官伝承館に、「3・11希望の灯（あか）り」が設置された。阪神大震災の被災地・神戸市から種火を受け継ぎ、地元住民らは「必ず美しいまちを取り戻してみせる」と決意した＝2011年12月10日

復興トピック

「てんでんこ」広めた山下文男さん死去

お互いを信じて一人一人が逃げる「津波てんでんこ」の大切さを広めた津波災害史研究者の山下文男さんが87歳で永眠した。入院中の県立高田病院で大津波に襲われ、病室のカーテンにしがみついて奇跡的に助かった。「全世界の英知を結集して、この津波を検証してほしい」。津波体験者として自らの身を削り、最後まで津波を恐ろしさを訴えた＝2011年12月13日

防災教育の充実を唱える生前の山下文男さん（2010年5月）

1・5 釜石市の旅館「宝来館」が営業再開

1・17 阪神大震災17年。陸前高田市の気仙大工左官伝承館で住民らが黙とう

宮古市の重茂漁協、早採りワカメ「春いちばん」を出荷

1・27 釜石市の仮設飲食店街「釜石はまゆり飲食店街」が本格オープン

2・1 県立高田病院の入院病棟が完成、入院患者の受け入れを再開

2・10 復興庁が発足。高田松原の被災マツを加工した看板を設置

2・21 洋野町から陸前高田市まで県内の沿岸被災地を歩く「東日本大震災復興支援　三閉伊ウォーク交流会」がスタート

2・22 図書館が全壊した大槌町に移動図書館車が届く。仮設校舎敷地内でお披露目会

2・24 秋田県五城目町の老人クラブ会員らが大槌町再訪。大槌町滞在中に震災に遭い、避難所で2日間過ごす

2・27 釜石署が移動交番の運用開始。津波で流された釜石市・鵜住居駐在所と、大槌町・吉里吉里駐在所の機能を車両に備える

釜石市の鵜住居小、仮設校舎での授業開始

2・28 釜石市の平田漁港岸壁で、県警の警備船「さんりく」（19㌧）の就航式。「先代」は津波で陸地に打ち上げられたため解体、5代目を新造

3・1 「新おおつち漁協」が発足。震災で解散する大槌町漁協の事業を引き継ぐ

3・5 山田町で震災行方不明者の一斉捜索開始。5日間の日程で町民ダイバーによる海中捜索も

3・6 宮古地区などのがれきを太平洋セメント大船渡工場に海上運搬する作業開始。約千トンのがれきを積んだ船が、大船渡港に向けて出港

3・9 宮古市の宮古地区内仮設焼却炉が稼働。がれき処理で県が整備

県警と海上保安部、行方不明者の一斉捜索開始

合同授業を行っている大船渡市の越喜来小、崎浜小、甫嶺小がメモリアルボート製作。3校106人校分メッセージカードと折り紙を貼る

3・10 山田町で震災の遺族らが灯籠流し

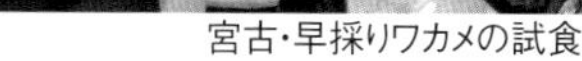

大船渡・3校メモリアルボード　山田で一斉捜索　秋田・五城目町の住民が大槌再訪　復興庁発足　宮古・早採りワカメの試食

震災348日

移動図書館車 笑顔呼ぶ2600冊

図書館が全壊した大槌町に移動図書館車が届き、大槌小などが学ぶ仮設校舎敷地でお披露目された。子どもたちは棚ぎっしりに収められた約2600冊をうれしそうにながめ、お気に入りの一冊を見つけていた。カタログ通信販売大手ニッセンが日本ユネスコ協会連盟を通じて寄贈したもので、車体には子どもたちが描いた42枚の絵をプリントした＝2012年2月22日

復興トピック

被災の「宝来館」おもてなし再開

釜石市根浜海岸前の旅館「宝来館」が営業を再開した。4階建ての2階部分まで津波に襲われながら、避難所として地域を支えた旅館の復活とあって、地域住民らと従業員が餅つきで営業再開を喜び合った。フロントには早速、予約の電話が鳴り響き、おかみの岩崎昭子さんは「恩返しの気持ちを込めて根浜から元気を発信したい」と感無量だった＝2012年1月5日

2012年

3・11 県と陸前高田市が合同追悼式。高田松原の被災松で作ったバイオリンで、イスラエル人の現役最高齢マエストロ、イブリー・ギトリスさんが演奏

3・12 宮古市、大津波警報発令を想定した避難訓練
陸前高田市のマスコットキャラクター「たかたのゆめちゃん」の着ぐるみお披露目

3・13 大槌町の特設会場で震災慰霊祭一般献花
ピアニスト小山実稚恵さん、大船渡・甫嶺小で子どもたちと共演

3・14 大槌町の伝統芸能「臼沢鹿子踊」、北京の国家大劇院で披露
普代村銅屋で震度4。本県に一時津波注意報

3・15 宮古市の重茂漁協がワカメ水揚げ
陸前高田市の気仙中、卒業式で震災を題材にした合唱曲「空～ぼくらの第二章～」を披露

3・17 JR八戸線久慈—種市間復旧、全線で運転再開
普代村で養殖ワカメ3年ぶり収穫

3・18 大船渡市の甫嶺小で閉校式。全校児童がケセン語の群読「剣舞」を披露
宮古市の愛宕小で閉校式。震災後、約3カ月間避難所として教室や体育館を開放。グラウンドには45戸の仮設住宅が建った

誓い 祈り 県土包む

震災1年 合同追悼式

遺族ら犠牲者しのぶ

陸前高田

教訓語り継ぐ

東京で政府式典 天皇陛下ご出席

立ち上がろう岩手

（2012年3月12付岩手日報1面）

宕小閉校式

気仙中卒業生

たかたのゆめちゃん

鎮魂のキャンドル＝3月11日、久慈市・久慈港

陸前高田市・高田高で冥福祈る＝3月11日

震災372日 普代ワカメ3年ぶり水揚げ

普代村で3年ぶりにワカメの水揚げが行われた。スイクダムシ被害、東日本大震災と2年連続して収穫できなかっただけに、漁業者の喜びはひとしお。3年分の思いをかみしめながらワカメを積み込んでいた＝2012年3月17日、普代村・太田名部漁港

復興トピック 小山実稚恵さんと3校合唱団が「再演」

盛岡市出身のピアニスト小山実稚恵さんが大船渡市三陸町の甫嶺小を訪問。同じ学校で学ぶ越喜来小、崎浜小の合同合唱団との「再演」を果たした。2011年11月に東京都内での演奏会で共演して以来で、子どもたちはピアノ伴奏に合わせて合唱曲「あすという日が」を歌い上げた＝2012年3月13日

3・20　大船渡市の崎浜小の閉校式。震災で校舎が使えず、同じ越喜来地区の甫嶺小に通った

3・22　大船渡市で震災後初となる養殖ワカメの入札会

陸前高田市の高田幹部交番の仮庁舎、高田町から竹駒町に移転

3・23　練習場が壊滅した山田高ボート部、浜松市での全国高校選抜大会に出場

3・24　宮古市広域総合交流促進施設「シートピアなあど」、仮設施設で営業再開

3・26　田野畑村の島越漁港付近に水門完成、現地で式典

3・28　三陸沿岸道路・釜石山田道路の山田町有地分の用地買収契約締結式

3・30　JR東日本、2010年7月の脱線事故で全線運休が続く岩泉線の再開断念発表

3・31　大槌町の「おおつちさいがいエフエム」開局

震災で延期されていた本県と宮城、福島3県の地上デジタル放送が完全移行

4・1　三陸鉄道北リアス線田野畑―陸中野田間の運行を再開。線路が流失した区間の復旧は初

4月　宮古市・閉伊川河口近くに架かる宮古橋（全長195・6㍍）、老朽化に伴う改修終える

4・4　陸前高田市の竹駒保育園が再開。仮設園舎で入園式

4・17　陸前高田市で求職者の活動と障害者の生活のサポートを担う2拠点が開設

4・22　陸前高田市の気仙町けんか七夕太鼓保存会、震災後初めて地元で太鼓演奏

4・24　陸前高田市の名物そば店「や婦屋」、高田町の仮設店舗で営業再開

4・25　閉鎖されていた釜石市の「青葉ビル」がリニューアルして開所

豪華客船にっぽん丸が大船渡港に入港

4・28　大槌町の吉里吉里海岸で海岸清掃プロジェクト

陸前高田市災害ボランティアセンターのボランティア受け入れ、県内初の10万人に

4・30　大槌町「鎮魂の森」づくりスタート。盛り土に約3千本の苗木を植樹

5月　山田町の菓子工房川最、「山田せんべい」の製造販売を再開

5・2　久慈市の久喜屋形定置漁業が新造船の進水式。大型定置8カ統が全て復旧

釜石市の釜石東部漁協と大槌町の新おおつち漁協、震災後初のウニ漁

崎浜小閉校式

おおつちさいがいエフエム

けんか七夕の太鼓演奏

客船にっぽん丸

大槌・震災後初のウニ漁

震災387日

線路流失区間13カ月ぶり運行

津波で線路が流失した三陸鉄道北リアス線・田野畑―陸中野田（24.3㌔）が復旧し、約13カ月ぶりに列車が走った。流失区間の運行再開は初めてで、一番列車は午前5時26分に久慈駅を出発。がれきが残る野田村を、朝日を受けながら走行した＝2012年4月1日

復興トピック

「老舗の味」守る　亡き父に誓う

1961年創業の陸前高田市の名物そば店「や婦屋」が仮設店舗で営業を再開した。2代目店主の及川信雄さんが津波で犠牲となり、店舗も流失。長男雄一さんが店主となり、再開にこぎつけた。開店とともに訪れた常連客らは「前と変わらない味だ」と感激しながら、老舗のそばを味わっていた＝2012年4月24日

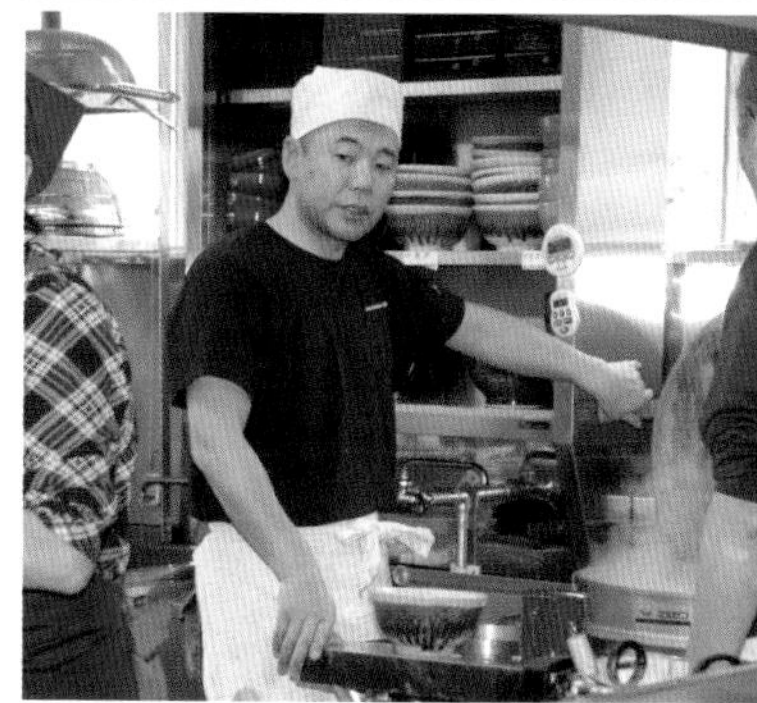

2012年

5・3	大船渡市赤崎町で尾崎神社式年大祭（五年祭）。
5・4、5	釜石市箱崎町の箱崎虎舞保存会が活動再開。地元で伝統芸能「虎舞」を披露
5・6	釜石市唐丹町の天照御祖神社で例大祭。神楽と郷土芸能を奉納
5・7	大船渡市の北浜わかめ組合、復興支援サポーターへワカメ発送
5・9	シンガーソングライター小田和正さん、大船渡市で市民限定の無料ライブ
5・10	被災した新日本製鉄釜石製鉄所、海外向け出荷設備の稼働を再開 釜石市・平田公園仮設団地に交流拠点施設「みんなの家」開所
5・16	盛岡市で民生児童委員26人の追悼式
5・18	田野畑村のワカメ養殖漁業者ら、「ワカメオーナー」に塩蔵ワカメ発送
5・20	釜石市・釜石大観音で釜石市民結婚式2012
5・21	野田村立図書館が図書貸し出しを再開
5・22	洋野町の県栽培漁業協会種市事業所、震災後初めてウニ種苗を出荷
5・27	みやこ映画生協が宮古市田老で映画まつり。仮設住宅などでの上映会1周年と100回を記念
6・2	陸前高田市高田町の仮設商店街「高田大隅つどいの丘商店街」グランドオープン ラグビートップリーグの神戸製鋼、釜石市でがれき撤去などのボランティア活動
6・3	山田高ボート部、県高校総体の男子かじ付き4人スカル優勝
6・13	被災した「陸前高田市合併前の町村議会関係資料」、県立博物館での修復を終え県立図書館へ
6・14	釜石市の旧釜石商高敷地内で、県内で初となる災害復興公営住宅が着工
6・15	釜石市・尾崎白浜漁港近くの高台に震災の教訓碑建立。尾崎白浜町内会が除幕式
6・18	宮古市の仮設住宅17カ所を巡回するいわて生協の移動店舗「にこちゃん号」営業開始
6・27	野田村米田地区にがれき破砕選別プラント完成
6・28	宮古市のがれき、東京都への搬出作業が終了
6・30	大槌町で被災地支援への感謝を伝える「おおつちありがとうロックフェスティバル」

おおつちロックフェス　尾崎白浜の津波教訓碑　高田大隅つどいの丘商店街　北浜わかめ組合　尾崎神社式年大祭

震災 436日

釜石市民結婚式 6組が復興誓う

復興トピック 神鋼ラグビー部 釜石でがれき撤去

新日鉄釜石と並ぶラグビー日本選手権7連覇を果たし、阪神大震災を経験した神戸製鋼の選手・スタッフらが釜石を訪れ、がれき撤去や交流会などで釜石を励ました。根浜海岸付近では釜石シーウェイブスRFCの選手たちと樹木や土砂、コンクリートを運び、被災地同士の友情を深めた＝2012年6月2日

家族や自宅が被災した新郎新婦の門出を祝う「釜石市民結婚式2012」が行われた。釜石大観音と約500人が見守る中、純白のドレスとタキシードに身を包んだ6組のカップルがバージンロードを歩き、誓約書を読み上げた。最後は参加者全員で風船を飛ばし、一日も早い復興を願った＝2012年5月20日

7・1	大船渡市の旧越喜来小校舎向かいに大津波資料館「潮目」が開館
	洋野町で初心者向けサーフィン体験教室。2年ぶりの開催
7・2	宮古市役所1階フロアに総合窓口。本庁舎の市民対応が完全復旧
7・8	大船渡市大船渡町の笹崎鹿踊り、地元で震災後初の舞を披露
7・15	人気バンドTUBE、宮古市で復興応援ライブ
	洋野町「たねいちウニまつり」2年ぶり本格開催
7・16	陸前高田市・大野海岸でビーチバレー大会
7・17	大槌町のがれき、東京都への搬出始まる
7・21	宮古市の浄土ケ浜海水浴場2年ぶり海開き
	釜石市で震災後初のホタテガイ出荷
	山田町の八幡大神楽保存会、獅子幕を再現した花巻市・伊藤染工場で感謝の舞
7・22	住田町で2年ぶりケセンロックフェスティバル
7・23	盛岡市・県営球場で本県初のプロ野球オールスターゲーム。沿岸被災地の球児約2200人招待。本県出身のヤクルト畠山和洋選手がソロアーチ
7・24	大船渡市の赤崎小、被災校舎とのお別れ式
7・25、26	陸前高田市の気仙町けんか七夕太鼓保存会、五輪に合わせロンドンで開かれた「ジャパンフェスティバル」で演奏
7・27	宮古地域5漁協で震災後初のウニ漁
7・28	陸前高田市の旧矢作小校舎を利用した無料簡易宿泊施設プレオープン
	田野畑村の羅賀港祭り2年ぶり開催
7・29	大船渡市三陸町越喜来の浦浜地区で、浸水区域に設けた牧草地を会場にした交流イベント
	久慈みなと・さかなまつり2年ぶり開催
7・30	宮古市・田老町漁協の定置網漁船「第21赤島丸」（19㌧）、定置監視船「七郎丸」（3・6㌧）が完成し、現地で式典
	大船渡市の越喜来漁協の定置網・小壁漁場で震災後初の水揚げ
8・3、4	大船渡市で2年ぶりに「三陸・大船渡夏まつり」
8・5	釜石市で「釜石はまゆりオープン・ウォーター・スイム」
8・6	旧大槌小校舎を改修、大槌町役場の新庁舎として業務開始
8・7	釜石市の不燃がれき、山形県村山市に搬出する作業開始。不燃物の本格的な県外搬出は県内初
	陸前高田市の「気仙町けんか七夕祭り」、山車をぶつけ合う「けんか」復活

大槌町役場新庁舎

オープン・ウォーター

プロ野球オールスター

ケセンロックフェス

浄土ケ浜海水浴場

震災492日 にぎわいを呼ぶウニまつり

復興トピック 「獅子幕」を再現 染工場で感謝の舞

津波と火災で全ての装束を失った山田町の八幡大神楽保存会が、獅子幕を再現した花巻市の伊藤染工場で感謝の舞を披露した。写真とビデオの映像だけを頼りに再現された獅子幕には、流失したものと同じ赤いボタンの花があしらわれており、メンバーは商売繁盛を願う「庭踊り」を舞い、感謝の気持ちを届けた＝2012年7月21日

特産のウニをPRする「たねいちウニまつり」が洋野町種市の種市海浜公園で開かれ、県内外から約1万6千人が詰めかけた。2年ぶりの本格開催とあって大勢の来場者が行列をつくり、身入りのいい殻付きウニや、瓶にたっぷり詰められた生ウニを次々と買い求めていた＝2012年7月15日

2012年

8・11 本県沿岸7市町村で追悼の花火「LIGHT UP NIPPON」打ち上げ

8・20 大船渡のサンマ、初水揚げは約24トン

8・21 解体される大船渡市のスーパー・マイヤ本店ビルでお別れの会。津波襲来時、59人が避難

東京国立博物館で修復された高田高所蔵の絵画・書作品、仮校舎に里帰り

8・27 県内の国道45号で津波浸水区間の標識設置工事始まる。野田村の安家大橋付近を皮切りに

8・28 大船渡市の細浦郵便局、高台で営業再開。被災した東北の郵便局で本設店舗再開は初

8・30 3階まで浸水した釜石市鵜住居町の旧釜石東中校舎、解体作業本格スタート

8・31 フィリピン沖でM7・6の地震、本県などに津波注意報

9・1 宮古市の田老魚市場が業務再開。被災した県内13魚市場が全て復活

9・2 解体される大船渡市の赤崎中と越喜来小旧校舎でお別れ会

9・5 大槌町の新おおつち漁協、組合発足後初となる定置網1カ統の水揚げ

9・6 ロンドン・パラリンピック陸上の男子円盤投げ（車いす）で洋野町の大井利江選手が10位

久慈市の久慈港で湾口防波堤のケーソン設置再開

9・7 普代村・ふだいまつり開幕

9・9 陸前高田市で「ツール・ド・三陸 サイクリング チャレンジ2012inりくぜんたかた」

9・10 宮古市・赤前小で仮設グラウンド完成式

9・11 解体される陸前高田市の気仙小校舎で校舎とのお別れ会

9・12 陸前高田市の高田松原で津波に耐えた「奇跡の一本松」、保存のため伐採

9・13 陸前高田市の旧高田幹部交番で、解体工事を前にお別れ式。殉職警官3人を追悼

9・16 山田町の山田祭で2年ぶりに「暴れみこし」。甚大な被害を受けた町中心部を練り歩く

9・22 陸前高田市の高田高で校舎のお別れ式

大槌町の大槌稲荷神社祭典。震災後初めて、みこしや虎舞、神楽などの行列が練り歩く

9・24 野田村が建築制限区域を告示。建築基準法39条に基づく災害危険区域に関する条例によるもので、県内では初

高田高お別れ式

旧高田幹部交番お別れ式

赤崎中お別れ会

旧釜石東中解体工事

マイヤお別れの会

震災550日

さようなら思い出の校舎

津波で3階まで浸水した陸前高田市の気仙小校舎とのお別れ会が開かれた。3～6年生の代表がそれぞれ作文を読み上げ、参加者全員で校歌を斉唱。6年生の村上緑さんが「この校舎で過ごした思い出を胸に頑張っていきます」とあいさつし、全員で「さようなら」と別れを告げた＝2012年9月11日

復興トピック

えびす像2体無事に見つかる

釜石市唐丹町の大石地区で、津波で流されたえびす像2体が無事に見つかり、元の場所に再び安置された。岩場で発見された大小2体に目立った損傷はなく、地元住民が早速台座を整え、波よけの石垣もつくった。えびす像を見つけた一人、西野元さんは「大きな津波にもかかわらず、不思議なことだ」と驚くばかりだった＝2012年9月23日

9・24 宮古工高機械科3年生5人が、高浜小で津波模型を使った実演会。震災後初

9・25 大船渡市のハンバーガーショップが「恋し浜帆立バーガー」の販売再開

9・26 陸前高田市の土地区画整理事業で、高田と今泉両地区の事業認可書を交付。県内で認可は初

9・30 陸前高田市の県立高田病院で施設とのお別れ会

10・1 陸前高田市の酔仙酒造、大船渡市の大船渡蔵で仕込んだ酒を初出荷

10・4 1200年の歴史を伝える秘仏「気仙三観音」、大船渡市と陸前高田市の3寺院で初の合同ご開帳

JR大船渡線の沿線3市、バス高速輸送システム（BRT）導入でJR東日本と正式合意

10・9 釜石市鵜住居町の仮設団地で、予約型乗り合いバスの出発式

10・13 被災した陸前高田市のみそ、しょうゆ製造販売八木沢商店、一関市の大原工場で竣工式

10・19 NHK連続テレビ小説「あまちゃん」、久慈市宇部町内で撮影開始

10・21 陸前高田市で「全国太鼓フェスティバル」2年ぶりに復活

10・24 大阪市・通天閣のシンボル「ビリケンさん」、大槌町の「一日町長」に就任

11・3 再建した大船渡市の平地域公民館お披露目式

11・4 東北横断自動車道・釜石花巻道路の釜石—釜石西（6キロ）の起工式。震災後に新規事業認可された県内の復興道路・復興支援道路14区間で初

11・7 被災した釜石市の陸中海岸グランドホテル本館、リニューアルオープン

11・8 京都市の星川茂一副市長らが陸前高田市役所を訪れ、被災松で作った仏像20体と「絆がんばっぺし」と彫られた扁額を寄贈

11・10 陸前高田市で旧市庁舎と市民会館のお別れ式

11・11 大槌町の城山公園に「3・11大槌希望の灯り」設置

11・13 グーグルの震災遺構デジタルアーカイブプロジェクト、釜石市・唐丹小を皮切りに開始

11・14 臼澤みさきさん（大槌中2年）、デビュー曲「故郷」で第45回日本有線大賞新人賞を受賞

11・16 陸前高田市のオリジナル米、名称は「たかたのゆめ」に決定

ピアニスト辻井伸行さん、大船渡高の芸術鑑賞会で演奏

デジタルアーカイブ　大槌希望の灯り　ビリケンさん一日町長　全国太鼓フェスティバル　酔仙酒造の大船渡蔵

震災569日

160人を守った病院建物に別れ

陸前高田市の県立高田病院で、建物とのお別れ会が開かれた。最上階の4階の床上1.5メートルまで津波が押し寄せ、入院患者と職員約20人が犠牲になった。屋上では約160人が一夜を明かした。石木幹人院長が「身をていしてわれわれを守ってくれた」と建物に感謝を伝え、参加した約150人全員で祈りをささげた＝2012年9月30日

復興トピック

「復興米」稲刈り 古里再生を重ね

大槌町の菊池妙（たえ）さんが被災した自宅跡で見つけ、種もみから育てていた稲が実り、支援した関係者らが無事の収穫を喜んだ。菊池さんがわずか3株の稲穂から約90本の苗を育て、5月下旬の田植えから4カ月で約75株を収穫した。米に「安渡（あんど）産大槌復興米」と名付けた菊池さんは「悲しみのどん底で、稲穂が希望を授けてくれた」と、稲のたくましさに古里再生を重ねていた＝2012年9月29日

- 11・17 宮古地区のがれき、大阪市で試験焼却するため約100トン搬出。広域処理での海上輸送は初
- 11・18 陸前高田市高田町の高台に集会所「みんなの家」完成
- 11・21 田野畑村のホテル羅賀荘が営業再開
- 11・22 釜石市・新浜町魚市場の荷さばき施設など2施設が完成
- 11・23 大船渡市の名物「エイサク飴（あめ）」、震災後初めて店頭に並ぶ
- 11月 「奇跡の一本松」松かさから16個の種子採取
- 11・24 陸前高田市の「1・17希望の灯り」の火を、釜石市までつなぐランニングイベント「Tomosu Run」開催
- 11・25 東北横断道釜石花巻道路・東和―宮守（総延長23・7キロ）開通。復興支援道路の開通第1号
- 11・27 県内唯一の中型イカ釣り漁船として震災後に建造された大槌町の第81明神丸、八戸市に向けて出港
- 11・29 陸前高田市の広田中所蔵絵画作品、三重県での修復を終え花巻市・萬鉄五郎記念美術館へ。陸前高田市の受け入れ態勢が整うまで保管
- 12・1 陸前高田市竹駒町に仮設の市立図書館オープン。建物が津波で全壊し蔵書約8万冊を流失、職員も1人が犠牲になった
  大船渡市大船渡町の「漁師のかき小屋」、大船渡おさかなセンター内で再開
- 12・2 陸前高田市気仙町の諏訪神社、千葉県流山市の団体から寄贈されたみこしを奉納
- 12・6 「奇跡の一本松」の根の保存に向けた掘り出し作業完了
- 12・7 午後5時18分ごろ、本県などで震度5弱の地震。大船渡と久慈港で20センチの津波観測
  大槌町の浪板海岸防潮堤が完成。県が示す工程表「復旧・復興ロードマップ」で初の復旧
- 12・9 山田町の鮭大漁祈願まつり3年ぶり開催
- 12・10 大船渡市の市営災害公営住宅「盛中央団地」への入居始まる。県内で最も早く整備
- 12・12 陸前高田市・第一中体育館で音楽家坂本龍一さんらによるチャリティーコンサート
- 12・13 大槌町・蓬莱島の灯台が完成。大槌港で点灯式
- 12・15 三陸鉄道の「こたつ列車」、久慈―田野畑間で2年ぶり再開
- 12・23 陸前高田市災害ボランティアセンター閉所。全国から延べ12万9469人を受け入れ

山田の鮭大漁祈願まつり

大槌のイカ釣り漁船

東北横断道東和―宮守

Tomosu Run

陸前高田「みんなの家」

震災617日

がれき運搬船大阪へ向け出港

宮古地区のがれきを大阪市で試験焼却するため、宮古市の宮古港から運搬船が出港した。広域処理での海上輸送は初めてで、この日は宮古、岩泉、田野畑3市町村の可燃物約100トンを搬出。藤原埠頭（ふとう）でコンテナ10台を運搬船に積み込んだ＝2012年11月17日

復興トピック 懐かしい味わい エイサク飴が復活

大船渡市三陸町綾里のチダエー商店が手掛ける名物「エイサク飴（あめ）」が震災後初めて店頭に並んだ。津波で工場を流失したが、「一粒でも残っていないかと訪ねてきた人がいた」という2代目の千田昭夫さんが再建を決断。自宅隣に新しい工場を建設し、懐かしい味わいの飴を再び作り出した＝2012年11月

12・25 気象庁が「ブイ式海底津波計」の運用開始。津波警報の精度を向上させるため本県沖2カ所に設置

12・29 陸前高田市の陸前高田けせん朝市、木造施設でリニューアルオープン

2013年

1・11 新生やまだ商店街協同組合、山田町内初の震災語り部ガイド事業をスタート

1・15 野田村で小正月行事「なもみ」。秋田県男鹿市から面と衣装の寄贈を受け、9体が各家庭を訪問

釜石市の尾崎白浜地区では「するめっこ釣り」が復活。子どもたちが漁師に扮し、イカ釣りのまねをして豊漁を願った

1・18 陸前高田市気仙町に震災追悼施設完成。高田松原の松を使用

1・19 陸前高田市の人形劇グループ「ポレポレ」が結成20周年記念公演。震災後初の本格公演

1・21 第15回大藪春彦賞に柚月裕子さん（釜石市出身）の「検事の本懐」

1・24 宮古市に生コンクリート工場完成、出荷開始

1・29 野田村の城内地区と米田・南浜地区で団地造成着工。防災集団移転促進事業で県内初

大船渡市と陸前高田市の造船関連業者4社が「気仙造船関連工業協同組合」設立

2・1 大阪湾の「舞洲」で本県のがれき焼却始まる

2・6 南太平洋のソロモン諸島沖でM8・0の地震。久慈港で30チセンの津波観測

2・8 陸前高田市の旧庁舎解体が本格的に始まる

2・15 陸前高田市の普門寺で、身元不明者の遺骨の納骨式と慰霊碑除幕式

2・21 大船渡市がPRキャラクター「おおふなトン」を発表

3・2 JR大船渡線気仙沼―盛間、バス高速輸送システム（BRT）で仮復旧

3・4 陸前高田市の竹駒保育園が園舎とのお別れ会

3・6 「奇跡の一本松」復元作業で、レプリカの枝葉部分を幹の上部に取り付け

3・8 「奇跡の一本松」最上部の枝葉のレプリカの取り付け角度にずれ。作業やり直しを発表

3・10 大船渡市三陸町の綾里漁協、水産物荷さばき施設の完成記念式典

国道106号宮古盛岡横断道路（延長100キロ）の「簗川道路」6・7キロが開通

JR大船渡線のBRT

陸前高田市の旧庁舎

野田の「なもみ」

山田の震災語り部

するめっこ釣り

震災653日

13万人受け入れ「ボラセン」閉所

全国からボランティア約13万人を受け入れた陸前高田市災害ボランティアセンターが閉所した。震災直後の3月17日に立ち上げ、当初は職員1人のみ。がれき撤去などで訪れるボランティアの窓口となり、多い時は1日で1200人余りを受け入れた＝2012年12月23日、陸前高田市横田町

復興トピック

2年越しの卒業式 44人が再会喜ぶ

卒業式前日に津波に襲われた大船渡市の赤崎中2010年度卒業生44人が、2年越しの卒業証書を受け取った。当時の担任教諭らが「卒業を祝う会」を企画。旧校舎は既に解体され、仮設体育館での「式典」となったが、高校2年生になった卒業生たちは全員での再会を喜び合い、笑顔で記念写真に収まった＝2013年2月3日

2013年

3・11 県と大槌町が合同追悼式

大槌町・江岸寺に新しい釣り鐘。町民ら打ち始め

大槌町安渡地区の通称「古学校」地域、津波避難を呼び掛ける木製の碑を設置

「釜石市復興ライブカメラ」が本格稼働

3・12 被災した宮古市の田中菓子舗、名物「田老かりんとう」の製造再開

3・16 地方卸売市場大船渡青果が業務再開。大船渡市に施設を復旧させる

釜石市鵜住居町で「黄色いハンカチ&鵜の市」。来場者が復興への思いをハンカチにつづる

3・17 陸前高田市の米崎中で閉校式。校舎が損壊し米崎小を間借りしていた。4月から小友中、広田中と統合して高田東中に

3・19 大槌町の城山公園体育館で、同じ仮設校舎で学んでいる大槌、大槌北、安渡、赤浜の4小学校の合同卒業式。4月から4校統合し「大槌小」に

3・20 陸前高田市の広田中、間借りの広田小で閉校式

校舎が全壊した陸前高田市の気仙小、間借りする長部小で閉校式。4月から両校を統合した新「気仙小」としてスタート

3・23 宮古市の千徳大橋が開通。三陸沿岸道路「宮古道路」の宮古中央インター1線と国道106号を結ぶ

陸前高田未来商店街がグランドオープン

3・24 全国高校選抜大会ボートの男子シングルスカルで山根慶大選手（山田高）が優勝

涙の先へ 祈り 歩み

震災2年、県合同追悼式

遺族ら2000人が参列

大槌

「若い世代が行動」

都内で政府式典 山根さん（陸前高田）誓い

一歩一歩 ともに

（2013年3月12日岩手日報1面）

宮古・千徳大橋　長部小閉校式　黄色いハンカチ　江岸寺の釣り鐘　宮古・津軽石中の合唱＝3月11日

震災740日 校舎全壊の気仙小 140年の校史に幕

復興トピック 田老かりんとう 2年ぶり復活

宮古市田老の名物「田老かりんとう」が2年ぶりに復活した。店舗兼工場を流失した田中菓子舗が工場を再建。「中途半端なものは出せない」と仮設店舗ではかりんとうを作らなかった。90年続く伝統の味は、さくさくとした食感が特徴で、3代目の田中和七（わしち）さんは「ようやく一歩を踏み出した」と喜びを口にした＝2013年3月12日

津波で校舎が全壊した陸前高田市の気仙小が、間借りする長部小で閉校式を行った。全校児童が別れの言葉を発表し、思いを込めて合唱を披露した。気仙小は1873年に公立今泉小として創立。震災時は校舎西側の山に避難して児童は無事だった＝2013年3月20日

3・24 陸前高田市の小友中、間借りの小友小で閉校式

3・26 田野畑村の松前沢奥地区（16戸）の宅地造成工事が完了

盛岡市の復興支援ボランティア拠点施設「かわいキャンプ」＝宮古市川井＝閉所

3・27 釜石市の上中島地区災害公営住宅1期（54戸）が完成。木造を除く新築集合住宅では県内初

4・1 NHK連続テレビ小説「あまちゃん」放送開始

4・3 三陸鉄道南リアス線盛—吉浜間（21・6㌔）の運行再開

陸前高田市の被災44施設の解体ほぼ終了

4・5 大船渡市のコミュニティーFM「FMねまらいん」放送開始。臨時災害FMから移行

4・6 三陸鉄道南リアス線の「奇跡の車両」、約2年ぶりに大船渡市の盛—吉浜間を運行

宮古湾特産の「花見かき」、震災後初の水揚げ

4・11 釜石市のがれき、東京都への搬出作業始まる

4・13 釜石市陸上競技場が「市球技場」としてリニューアルオープン

4・18 元祖菅田のいかせんべいの「すがた」、宮古市花輪地区の新工場落成

4・24 被災した陸前高田市・こんの直売センター、高台に再建し営業再開

4・26 バス高速輸送システム（BRT）、大船渡市と陸前高田市で専用道を延長して運行開始

4・28 釜石市の移動販売車「キッチンカー」の拠点「大町ほほえむスクエア」がプレオープン。大町のスーパー跡地の広場に

サッカーJ1鹿島の小笠原満男選手らが協力し、大船渡市・赤崎小校舎跡地に整備した仮設グラウンドが完成、初イベントを行う

5・1 大船渡市の北里大海洋生命科学部三陸キャンパス、事実上の撤退方針が明らかに

5・3 大船渡市三陸町越喜来の泊地区で「権現舞」を震災後初めて披露

5・7 陸前高田市が「津波堆積物」の処理を本格開始

5・8 大船渡市の大船渡湾口防波堤の復旧工事で、本体となるケーソン設置始まる

5・9 被災した大槌町・安渡保育所の仮設園舎と、仮設小中学校多目的室が開所

5・10 宮古市で将棋の第71期名人戦第3局。挑戦者の羽生善治三冠が森内俊之名人を破り初勝利

かわいキャンプ閉所

南リアス線運行再開

宮古湾の花見かき

陸前高田の津波堆積物処理

大船渡湾のケーソン設置

震災762日

釜石のがれき東京が受け入れ

釜石市のがれき2万1千㌧を、受け入れ先の東京都に搬出する作業が始まった。手作業で金属類やコンクリート、漁網などを取り除き、放射線量率を測定。がれきを積んだコンテナは鉄道輸送を利用して東京都に運んだ＝2013年4月11日

復興トピック 被災免れた車両桜柄で「再出発」

三陸鉄道南リアス線で唯一被災を免れた車両が、震災後初めて大船渡市の盛—吉浜間を走った。桜柄が装飾されたイベント列車「キット、ずっと2号」として運行され、鉄道ファンや親子連れが笑顔で乗り込んだ。開業時から現役の車両で、震災発生時はトンネル内に緊急停止して難を逃れていた＝2013年4月6日

2013年

- 5・12 校舎が解体された釜石市・唐丹小跡地に新しいグラウンドがオープン
- 5・14 宮古市田老のX型二重防潮堤（総延長約2・4キロ）の復旧工事を開始
- 5・18 釜石市の平田町内会が平田地域復興祭。被災地支援感謝として初めて企画
- 5・22 陸前高田市・きのこのSATO、津波浸水農地に新生産施設17棟を整備
- 5・23 陸前高田市気仙町の三陸沿岸道路工事で発生した土砂、農地復旧事業への活用始まる
  岩泉町初の災害公営住宅となる岩泉地区災害公営住宅（15戸）が完成、現地で竣工式
- 5・24 八戸市・蕪島から宮城県・松島までの自然公園を「三陸復興国立公園」に再編。観光振興と環境保全の両立を目的に環境省
- 5・29 田野畑村で新設のアスファルト工場稼働
- 5月 震災で家族らを亡くした陸前高田市の有志が「陸前高田ハナミズキのみちの会」設立
- 6・3 三陸鉄道南リアス線盛―吉浜間で「震災学習列車」の運行開始
  陸前高田市の「奇跡の一本松」、枝葉の傾きを修正して再設置
- 6・6 盛岡大の学生らが修復した高田高の資料、大船渡市の仮校舎に戻る
- 6・8 「奇跡の一本松」の復元作業ほぼ終了
- 6・12 ケセン語研究の山浦玄嗣さんにローマ法王からバチカン有功十字勲章。東京で授章式
- 6・15 大槌町・新おおつち漁協の新しい定置網漁船「瀬谷（せや）丸」（19トン）の進水式
- 6・16 大船渡市三陸町越喜来の崎浜地区の多目的ハウス「浜らいん」完成、現地で落成式
- 6・19 釜石港湾口防波堤南堤でハイブリッドケーソンを設置
- 6・22 園舎が全壊した釜石市の鵜住居保育園・子育て支援センター落成記念式典
- 6・28 野田村野田の国道45号復旧工事が完了。洋野町から田野畑村まで全て復旧
- 7・1 山田町の廃プラ約70トンを東京都に搬出。廃プラ単体の県外搬出は初
- 7・4 天皇、皇后両陛下、被災者お見舞いのため来県
- 7・5 久慈市の桑畑定置網組合の新造船「第28漁栄丸」（19トン）進水式。同市の大型定置網漁船11隻が全て復旧

唐丹小跡地のグラウンド

平田地域復興祭

南リアス線震災学習列車

奇跡の一本松

高田高の被災資料修復

震災827日

横浜との絆の船「瀬谷丸」進水

希望の船出

大槌町の新おおつち漁協の定置網漁船「瀬谷丸」（19トン）の進水式が大槌町安渡の魚市場で行われた。建造に協力しようと募金活動を展開した横浜市瀬谷区の住民約130人も駆け付け、絆の船の完成を喜び合った＝2013年6月15日

復興トピック

出荷自粛を解除「北限の茶」再び

「北限の茶」として知られる陸前高田市で、震災後初めて「守る会」による茶摘みが行われた。2012年6月から出荷自粛要請が続いていたが、放射性物質が基準値を下回った。この日は龍谷大（京都市）の学生ら約20人が参加。樹齢100年以上の木から新芽を丁寧に摘み取り、収穫の喜びを実感していた＝2013年6月16日

7・6 大槌町消防団のラッパ隊が活動再開
津波で半壊した宮古市の広域総合交流促進施設「シートピアなあど」が再オープン
7・9 全壊した田野畑村のサケふ化場が復旧
7・14 釜石ヨットクラブ、3年ぶりに活動再開
宮古港カッターレース3年ぶり開催
7・15 陸前高田市の「高田町お天王さま輿丁の会」が震災後初のみこし渡御
7・21 本殿が浸水した山田町の荒神社、震災後初の渡御祭
7・25 航海中の復元弁才船「みちのく丸」、大船渡湾で航行
7・26 県栽培漁業協会種市事業所がアワビ種苗を出荷。震災後初
7・28 田野畑村の島越地区で復興祈願の島越大神宮祭。全国の支援を受けて新しいみこしを準備
7・29 釜石市、鵜住居地区防災センター解体を正式決定
7・31 陸前高田市・広田湾漁協の第3サケ・マス人工ふ化場、アワビ種苗センター落成式
8・4 山田町の魚賀波間神社の例大祭と朝市「いちび」が復活
8・10 陸前高田市の普門寺で五百羅漢の制作始まる。参道に並べ、震災を後世に伝える役割も
8・14 大船渡市三陸町越喜来の崎浜地区に伝わる崎浜念仏剣舞、震災後初めて各家庭を巡回
8・20 全国高校総体セーリング女子FJ級デュエットで宮古が優勝、宮古商が準優勝
8・23 野田村の野田まつり開幕。山車1台復活
8・25 山田町の諏訪神社の例大祭が約30年ぶり復活
陸前高田市の気仙大工左官伝承館で野外音楽イベント「ユアフェスティバル」
宮古市出身のピアニスト・故本田竹広さんらが始めたジャズライブ「jazz in 浄土ケ浜」、20年ぶり復活
8・26 宮古市のコミュニティFM、みやこハーバーラジオが開局
8・28 大船渡でサンマ初水揚げ。約10トン
陸前高田市・復興サポートステーションのボランティア受け入れ1万人突破
8・29 大槌町施工の災害公営住宅第1号となる大ケ口地区災害公営住宅(70戸)完成式典

jazz in 浄土ケ浜　野田まつり　崎浜念仏剣舞　みちのく丸　山田・荒神社の渡御祭

震災856日

カッターレース 夏の風物詩復活

宮古市の夏の風物詩、宮古港カッターレースが3年ぶりに開かれた。2010年と同じ18チームが出場し、震災後初のレースを盛り上げようと北海道・小樽海上技術学校のカッター部も参戦。600メートルのコースを息の合ったオールさばきで力強く進んだ=2013年7月14日

復興トピック　セーリング女子 宮古勢がワンツー

佐賀県で開かれた全国高校総体セーリング女子FJ級デュエットで、宮古が9年ぶりの優勝を飾り、宮古商も準優勝した。デュエットは2艇の合計得点で争い、ソロ3位の宮古Bと堅実なレース運びの宮古Cが栄冠を勝ち取った。宮古商も全員初出場ながら、宮古商Aがソロ5位、2年生ペアの宮古商Bも12位と健闘し、銀メダルをつかんだ=2013年8月20日

2013年

8・30 再建した大槌町の浪板観光ホテルが「三陸花ホテルはまぎく」として再オープン

9・1 流失した大槌町の郷土芸能「城山虎舞」の山車を再建、小鎚神社で入魂式

宮古湾横断遠泳大会3年ぶり復活

大船渡市の「復興居酒屋がんばっぺし」閉店、高台の新店舗へ

9・7 釜石市の「釜石よいさ」3年ぶり復活

9・8 山田町大浦地区の霞露嶽神社、震災後初の例大祭

9・20 久慈秋まつりに「あまちゃん」の能年玲奈さん、宮本信子さんが特別ゲストで参加

釜石市の新浜町魚市場にサンマが初水揚げ

9・21 釜石市の鵜住神社で震災後初の例大祭

9・22 大船渡市赤崎町の中赤崎地区で「赤崎復興市」

9・23 大槌町で小鎚神社例大祭。本格的な造成工事を前に郷土芸能十数団体が練り歩く

9・24 本県沿岸部を中心とした「三陸ジオパーク」を認定

9・26 プロ野球楽天、球団創設9年目で初のパ・リーグ優勝。普代村出身の銀次内野手も貢献

9・28 JR大船渡線のバス高速輸送システム（BRT）専用道を3・2キロから13・7キロに延長

9・30 大船渡港で国際貿易コンテナ航路の定期運航始まる

10・1 蔵書が被災した宮古市立図書館田老分室が再オープン

10・5 陸前高田市のオリジナルブランド米「たかたのゆめ」稲刈り。新特産品として販売

10・6 釜石市の鵜住居地区防災センターでお別れ会

10・10 山田漁連が新築した魚市場で初競り

10・13 三陸沿岸道路の「普代道路」（4・2キロ）が開通。県内の「縦軸」ルートで震災後初

10・13 震災後初の釜石市民劇場

10・22 米国カリフォルニア州に漂着した高田高の実習艇が、陸前高田市に戻る

10・25 被災した陸前高田市のキャピタルホテル1000、高台移転工事が完成しプレオープン

豪華客船「飛鳥Ⅱ」、宮古港に震災後初めて入港

大船渡市の「復興ニュース」が第100号。NPO法人夢ネット大船渡が2011年4月11日に創刊

10・26 宮城など震度4の地震。久慈港で40センチ、大船渡で20センチの津波観測

10・28 大船渡市の大船渡津波伝承館、市内を定点・定期撮影した写真が見られる杭を設置

飛鳥Ⅱが宮古寄港

高田高の実習艇

釜石市民劇場

普代道路

「たかたのゆめ」刈り取り

震災935日

被災図書館復旧 読む楽しさ再び

津波で蔵書約3200冊が水に漬かった宮古市田老の市立図書館田老分室が再オープン。震災前とほぼ同じ約1万4千冊をそろえた。セレモニーに続いて絵本パフォーマーの岸田典大さん（北海道）による絵本の読み聞かせが行われ、子どもたちは目を輝かせいた＝2013年10月1日

「復興ニュース」節目の100号

大船渡市のNPO法人夢ネット大船渡が発行する「復興ニュース」が節目の100号を発行した。震災直後の2011年4月11日の創刊以来、気仙地域の仮設住宅などに5千部を配布。100号は仮設暮らしの女性から寄せられた「仮設ドンパン節」の歌詞を紹介し、被災者に寄り添う紙面を届けた＝2013年10月26日掲載

「復興ニュース」発行100号を喜ぶ岩崎恭治理事長（左）と河野由佳さん

「あまちゃん」大ブーム

久慈市を主なロケ地にしたNHK連続テレビ小説「あまちゃん」が一大ブームに。軽快なオープニング曲と宮藤官九郎さんの脚本、個性的な出演陣が話題を呼び、劇中の方言「じぇじぇじぇ」が一躍流行語に。郷土食「まめぶ」や北限の海女、南部潜り、琥珀など久慈地方が大きな注目を集めた。全156回の平均視聴率は関東地区で20.6%、最終回は23.5%。最高視聴率は第145回の27.0%だった。

久慈秋まつりに参加したヒロイン役の能年玲奈さんと、祖母役の宮本信子さん＝9月20日

一躍「全国区」となった郷土食「まめぶ」

11・2	皇太子ご夫妻、釜石市の平田第6仮設団地や水産加工会社を訪問
11・3	プロ野球東北楽天ゴールデンイーグルスが初の日本一。銀次内野手＝普代村出身＝はシリーズ優秀選手に選出
	野田村漁協、震災後から2年半かけて養殖したホタテ成貝を初販売
11・4	釜石東部漁協の鵜住居川サケふ化場落成式
11・7	JR岩泉線廃線で合意
11・10	釜石市・橋野鉄鉱山インフォメーションセンターが開所
	洋野町の八木防災センター完成。コミュニティー施設と消防屯所の機能も
11・21	復興事業で発生する山田町の土砂、大槌町に運搬開始。区画整理事業の盛り土などとして活用
11・29	大槌町のイメージキャラクター「おおちゃん」復活
12・1	山田町の三陸やまだ漁協、震災後初めて生食用殻付きカキを出荷
12・2	「ユーキャン新語・流行語大賞」年間大賞に「じぇじぇじぇ」など4語
12・4	東日本大震災から1000日
12・8	陸前高田市で3年ぶり少年剣道大会。幕末の剣豪千葉周作を顕彰
12・15	久慈市宇部町久喜地区の災害公営住宅3戸完成
12・17	陸前高田市の土砂運搬用ベルトコンベヤー専用つり橋の名称、「希望のかけ橋」に
12・20	釜石市の鵜住居地区防災センター、重機による本格的な解体始まる
12・23	大船渡市のリアスホールで震災後初の「けせん第九を歌う会」演奏会
12・25	釜石市唐丹町大石地区に戸建ての復興公営住宅完成。入居者に鍵を引き渡し

防災センター解体　千葉周作剣道大会　山田湾のカキ　東北楽天日本一に湧く普代村

震災968日
野田の養殖ホタテ特大サイズで復活

野田村漁協が震災後に養殖したホタテを村内のイベントで初めて販売し、特産復活をアピールした。県内随一のホタテ種苗生産を誇っていたが、津波で施設が大きな被害を受けた。それでも2年半で殻の幅が11センチを超える特大サイズに育ち、関係者は「野田のホタテのブランド化を図りたい」と意気込んでいた＝2013年11月3日

久慈市で開かれた「最終回をみんなで見る会」＝9月28日

久慈市の中心商店街に登場したシャッターアート「あま絵」

大勢の観光客でにぎわう海女の素潜り実演＝7月20日、久慈市・小袖漁港

1・1 岩泉町の「龍泉洞」と、うれいら商店街にある「初恋水・百恋水」が「恋人の聖地」に認定

1・8 東北人魂を持つＪ選手の会（東北人魂）、大船渡高グラウンドなどで震災チャリティーイベント

1・10 大船渡市三陸町越喜来の浦浜海岸で、流失した防潮林の子孫とみられるクロマツの苗木保存

1・11 普代村の鵜鳥神楽、沿岸巡行を３年ぶり本格再開

1・14 大槌町、後継者育成を目指す漁業学校を開校

大船渡市末崎町小細浦地区の住宅団地造成工事完了。同市内で初

1・15 沿岸北部各地で小正月行事の「なもみ」

1・19 釜石市唐丹町の花露辺（けろべ）地区災害公営住宅で入居者歓迎会

1・25 津波到達点に桜を植樹しているＮＰＯ法人桜ライン３１１を題材にしたドキュメンタリー映画「あの街に桜が咲けば」が完成。陸前高田市内で上映会

1・31 ＪＲ東日本、運休中の山田線宮古—釜石区間の三陸鉄道移管案を提示

本県から東京都へのがれき搬出終了

2・2 被災地に学生ボランティアを派遣する「きっかけバス47」始まる。第１陣として岐阜県の学生が陸前高田市で木材運ぶ

釜石市で初の「韋駄天競走」。速やかな避難行動の啓発と祭りを融合させた新行事

2・4 山田町が緊急雇用創出事業を委託していたＮＰＯ法人代表理事ら、業務上横領容疑で逮捕

2・5 被災した陸前高田市立博物館の「海保製三省堂リードオルガン」修復終え里帰り

2・14 宮古市赤前の堀内地区カキ処理施設に直売所「うみのミルク」オープン

2・17 大船渡市の大船渡北小校庭にある山馬越仮設住宅（88戸）で、１棟４戸の撤去始まる

2・18 大船渡市の吉浜応急仮設住宅団地（１棟５戸）の建物撤去開始。仮設団地がなくなるのは同市初

2・23 久慈市の「あまちゃんハウス」がリニューアルオープン。ジオラマや出演者の衣装など約20点を展示

3・2 三陸沿岸道路の田野畑村・尾肝要（おかんよう）道路（４・５キロ）が開通。国道45号最大の難所・閉伊坂峠を回避

釜石市の野田災害公営住宅に自治会が発足

3・4 釜石市の鵜住居地区防災センター調査委員会が最終報告書。「市の行政責任は重い」と指摘

東北人魂チャリティーイベント

花露辺地区歓迎会

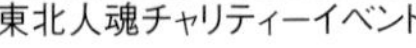

きっかけバス47

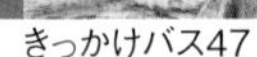

リードオルガン里帰り

崎わかめ全国発売

震災1059日

「高台へ急げ」初の韋駄天競走

高台への避難を啓発する新行事「韋駄天（いだてん）競走」が釜石で初めて開かれた。中学生から80代まで40人が参加。只越町の浸水区域から286メートル先の仙寿院の境内を目指し、坂道を一斉に駆け上がった＝2014年2月2日

復興トピック 「子どもなもみ」大人もたじたじ

沿岸北部に伝わる小正月行事「なもみ」が各地で行われ、宮古市の重茂半島の石浜地区では千鶏（ちけい）小の子どもたちが鬼に扮し「悪いことはしてねえが」とかわいらしい声で仮設住宅などを訪ね歩いた。津波で衣装が流失したため、衣装は毛布を再利用。鬼を面を新たに購入し、20年以上前から続く行事の再開にこぎつけた＝２０１４年１月15日

3・5	宮古市の田老町漁協が「真崎わかめ」の全国販売開始。大手スーパーのイトーヨーカ堂と連携
3・8	大船渡市盛町で「館山車」の骨組み土台の引き渡し式
	被災した「たろう観光ホテル」の土地建物を宮古市が取得。復興交付金を活用する震災遺構の第1号
3・9	全国青年市長会が陸前高田市に開設した復幸応援センターが閉所
3・10	山田町出身の阿部友里香選手（盛岡南高）がソチ冬季パラリンピックで8位入賞。ノルディックスキー距離女子15キロクラシカル立位に出場。山田町ではパブリックビューイングが開かれ、町民が声援を送った
3・10	大船渡市三陸町越喜来の泊地区防災集団移転住宅団地で引き渡し契約会

阿部友里香選手へエール　尾肝要道路

復興トピック 普代の鵜鳥神楽 3年ぶり巡行

普代村の鵜鳥（うのとり）神楽が本格的な巡行を3年ぶりに再開した。神楽衆12人が鵜鳥神社で舞い立ちを行った後、地元公民館で5演目を披露。神楽を奉納する神楽宿の大半が被災したものの、巡行の機運が高まったことを受けて再開を決断。宮古市や釜石市などを巡り、勇壮な舞で元気づけた＝2014年1月11日

震災1094日

全国61市が応援 復幸センター閉所

被災者支援のため全国青年市長会が陸前高田市に開設した「復幸応援センター」が、2年4カ月の活動に幕を下ろした。職員が常駐し、ボランティア受け入れや災害FM応援プロジェクトなど、61の市が行政の枠にとらわれない支援を展開した＝2014年3月9日

復興トピック 骨組み土台が完成 山車再建へ前進

大船渡市盛町の「盛町五年祭」で山車を運行する下町（しもまち）組に、新たな骨組み土台が引き渡された。震災の前年に新調したばかりの「館（やかた）山車」を津波で失ったが、大阪府岸和田市のだんじり祭り団体などから支援を受けて再建にこぎつけた。関係者が神事で山車の完成と祭りの成功を祈い、4年に一度開かれる5月の祭りに向けて決意を新たにした＝2014年3月8日

2014年

3・11 県と山田町が合同追悼式
釜石市の鵜住居観音堂跡地で鵜住居身代わり観音の開眼供養法要

3・14 釜石市の大型ショッピングセンター「イオンタウン釜石」が本格オープン。本県の沿岸被災地で中央資本の大型ＳＣ出店は初

3・15 被災した宮古市の千鶏小が最後の卒業式
被災した山田町の船越小、陸中海岸青少年の家で卒業式。施設の一部を教室などとして利用

3・19 旧４校を統合した大槌小で初めての卒業式

3・23 三陸沿岸道路を構成する高田道路（７・５キロ）が全線開通
陸前高田市で農事組合法人「サンファーム小友」の設立総会。沿岸の農業では震災後初の法人化
洋野町の「ひろの水産会館」（愛称・ウニーク）オープン

3・24 陸前高田市で高台造成地の土砂を搬出する巨大ベルトコンベヤーが試運転開始

3・25 大船渡市三陸町吉浜地区で「津波記憶石」除幕式

3・28 岩泉町小本地区の災害公営住宅が完成。岩泉地区と合わせて全51戸の整備が完了
大槌町の東日本大震災検証委が最終報告書を町に提出

3・31 震災で発生した本県のがれきと津波堆積物の処理が完了

誓い胸に前を向く
東日本大震災３年
忘れない
消防団員の父亡くした岩城君
野球で生き方見せる
仮設今も３万人超

（2014年3月11日付岩手日報1面）

ベルトコンベヤー試運転

千鶏小卒業式

山田・大沢漁港の「ともしびのつどい」＝3月11日

イオンタウン釜石

鵜住居身代わり観音

震災1108日

高田道路が開通 早期復興へ弾み

三陸沿岸道路　高田道路　開通式

高田道路開通おめでとう

陸前高田市で整備が進められていた三陸沿岸道路で、陸前高田IC―通岡（かよおか）ICが完成し、高田道路（7.5キロ）が全線開通した。震災後の開通は3カ所目。津波の浸水域を通らない高台ルートを確保した＝2014年3月23日

復興トピック

「吉浜の教訓」伝える 津波記憶石を建立

早くから高台移転を進め、東日本大震災の被害を最小限に抑えた大船渡市三陸町吉浜地区で、教訓を後世に伝える「津波記憶石」が建立された。「吉浜　奇跡の集落」と刻まれた石碑は、２次元コードを読み込むと津波を題材にした中学生の演劇なども見られるようにした＝２０１４年３月25日

4・1 三陸鉄道が開業30周年
北里大海洋生命科学部、大船渡市の三陸キャンパスに「三陸臨海教育研究センター」開設
山田町織笠地区の高台造成地の土砂を搬出するベルトコンベヤー始動
JR東日本、2010年7月の土砂崩れで運休していた岩泉線を廃止
岩泉町の東日本交通、JR岩泉線に代わる路線バス「岩泉茂市線」の運行開始

4・3 チリ北部沖の地震で本県沿岸部に津波。久慈港で最大60センチ観測

4・5 運休していた三陸鉄道南リアス線吉浜―釜石間（15キロ）の運行再開。南リアス線（盛―釜石間36・6キロ）全線が3年ぶりに復活
津波で全壊した山田町・船越小の新校舎完成。高台に移転新築する被災3県の小・中・高校で初

4・6 三陸鉄道北リアス線田野畑―小本間（10・5キロ）が再開。南北リアス線全107・6キロが復活

4・10 大槌町の旧町役場庁舎で一部解体作業が始まる

4・12 JR釜石線の花巻―釜石間（90・2キロ）で「SL銀河」の定期運行始まる

4・15 大船渡市・さいとう製菓の旧本社解体本格化

4・16 大船渡・第一中の仮設グラウンドが完成
陸前高田市で生コンクリート製造工場「復興プラント」の落成式

4・17 大槌町の宿泊施設「ホワイトベース大槌」オープン

4・19 宮古市の姉ケ崎オートキャンプ場が高台移転
観光船「はまゆり」の復元を目指す大槌町の住民団体が発足。地元婦人会など中心に

4・20 山田町の八幡大神楽保存会が山田八幡宮で神事。新たに作った山車を披露

4・23 大船渡市三陸町越喜来のスーパーマーケット三陸屋、本設店舗で営業始める

4・24 大槌町の旧赤浜小で校庭に咲くソメイヨシノ5本とのお別れ会。復興工事で伐採されることに

4・26 釜石市の「こすもす公園」で「希望の壁画プロジェクト」の完成式典

4・30 大船渡市の新大船渡魚市場で水揚げスタート

5・1 県立博物館敷地内に、被災した陸前高田市などの文化財を修復する仮設作業施設を開所

5・3 大船渡市で4年に一度の式年大祭「盛町五年祭」（4日まで）

5・12 被災した陸前高田市小友町の水田で、震災後初めての田植え

北里大研究センター　船越小の新校舎落成式典　SL銀河　宿泊施設「ホワイトベース大槌」　釜石・希望の壁画

震災1122日

三鉄南北全線3年ぶり復活

大勢の見送りの中、宮古駅を出発する三陸鉄道北リアス線下りの記念列車。最後まで不通だった南リアス線吉浜－釜石間、北リアス線田野畑－小本間が相次いで再開。1984年の開業から30年の節目に、南北全線107.6キロが復活した＝2014年4月6日

震災1146日

「水産のまち」期待の新魚市場が完成

「水産業再生のシンボル」となる大船渡市の新しい大船渡魚市場が完成。度重なる工期延長と津波被災を乗り越え、最新鋭の衛生機能を備える4階建て施設として誕生した。地元の定置網船などが新しい岸壁でスケトウダラやマダラ、ママスなどを水揚げした＝2014年4月30日

5・14 宮古市田老の摂待（せったい）防潮林で植樹

5・16 洋野町・種市高と東京大海洋アライアンス海洋教育促進研究センター、海洋教育推進の協定を締結

5・17 釜石市の唐丹小と唐丹中、グラウンドに整備された旧唐丹小跡地で4年ぶり運動会

5・22 「大槌たすけあいセンター」開所。NPO法人遠野まごころネットが整備

5・29 津波で全壊した宮古市の県営施設「リアスハーバー宮古」で竣工式

5・29 県水産技術センター（釜石市）の漁業指導調査船「北上丸」（38㌧）の完成式。19年ぶり新造

5・30 震災犠牲者の記録を残す大槌町「生きた証プロジェクト」、町役場で第1回実行委員会

6・1 釜石市・唐丹小のグランドピアノ修復。地区内7カ所を巡回して演奏

6・5 津波の語り部・田畑ヨシさんの「海嘯（つなみ）鎮魂の詩（うた）」の詩碑が完成。8月に出身地宮古の三王園地に建立

6・6 岩泉町小本の山口屋が本設店舗で営業開始。地区で唯一、生鮮食品を扱う

6・9 釜石沖に設置していた東京大地震研究所の海底津波計2基が復旧。11日正午から津波警報に活用

6・22 陸前高田市消防団、震災後初の消防操法競技会

6・23 県栽培漁業協会、震災後初めての本県産アワビ種苗を大船渡市から出荷。翌24日は洋野町から稚ウニ初出荷

6・29 大船渡市のライブハウス「フリークス」、JR大船渡駅周辺のかさ上げ工事に伴い閉店

7・2 陸前高田市の広田湾漁協、震災後初めて特産エゾイシカゲガイを出荷

7・7 野田村特産のホタテガイのブランド化へ「岩手野田村荒海団」を結成

宮古市の宮古工高機械科の津波模型班、磯鶏小で100回目の津波模型実演会。手作りの模型で津波の防災啓発活動を展開

7・9 高田松原の被災松で作られた「あゆみ観音」が陸前高田市に到着。5千人以上がのみを入れる

7・12 午前4時22分ごろ、福島県沖を震源とする地震が発生。大船渡で20㌢の津波観測

7・13 山田町・荒神社の渡御祭で震災後初のみこし海上渡御

7・14 かさ上げ工事を控えた陸前高田市高田町で、石碑や井戸などの合同のおはらい

唐丹小のピアノ

田畑ヨシさん詩碑

エゾイシカゲガイ

津波模型実演会

みこし海上渡御

震災1160日

流失した防潮林 再生へ第一歩

流失した防潮林を再生するため、宮古市田老で県内第1号となる植樹が行われた。摂待防潮林での植樹には地元小学生も参加。この日はアカマツやクロマツを中心に約1500本を植え、20〜30年かけて1万本以上の森に育てる。県内の防潮林は約9割に当たる67㌶が津波で流失した＝2014年5月14日

復興トピック 3代目が工場再建「生せんべい」復活

山田町のせんべい店・太田幸（ゆき）商店3代目の太田一幸さんが、銘菓「元祖山田生せんべい」を復活させた。両親を津波で亡くし、機械も流失したが、祖母が生み出した味を絶やしたくないと決意。約3年で製造再開にこぎつけた。生せんべいは生地を焼かず、軟らかい食感を味わう山田町の名物。菓子工房川最（かわさい）も2012年から製造を再開している＝2014年5月20日掲載

7・17 釜石市唐丹町で三陸沿岸道路専用の公共生コンクリートプラントの上棟式

7・18 陸前高田市で総延長3㌔の巨大ベルトコンベヤーの完全稼働始まる。今泉地区から土砂を搬出

7・22 独立行政法人水産総合研究センター宮古庁舎、宮古湾で震災後初めてホシガレイの放流試験

7・23 山田町豊間根地区で、町内第1号となる災害公営住宅への入居が始まる。県が整備

宮古市田老の復旧農地で営農組合八幡ファームが初めてソバの種まき

大槌高でグラウンドへの感謝とお別れの会。小中一貫校建設のため

7・26 大槌町の吉里吉里海岸海水浴場、普代村の普代浜海水浴場が震災後初の海開き

田野畑村の景勝地・北山崎を巡る観光船が「北山崎断崖クルーズ」として復活

7・27 津波で全壊した三陸鉄道島越駅舎で、地元グループによる窓口業務再開

7・28 久慈市の小袖漁港で「じぇじぇじぇ」の石碑除幕式。2013年流行語大賞を記念

8・3 奇跡の一本松駐車場に観光物産施設「一本松茶屋」がプレオープン

釜石はまゆりトライアスロン大会、震災後初めて全3種目を開催

8・6 道の駅高田松原タピック45駐車場に「陸前高田復興まちづくり情報館」開館

8・7 陸前高田市で「気仙町けんか七夕祭り」と「うごく七夕まつり」。従来の場所での開催は最後

8・13 大船渡市三陸町綾里地区で95回目の夏まつり始まる。震災前と同じ3日間の日程で

8・16 宇宙飛行士の若田光一さん、大船渡市で講演

大船渡市など沿岸部と海外の郷土芸能が集う「三陸国際芸術祭」。越喜来地区の送り盆行事「三陸港まつり」を皮切りに3日間

8・29 大船渡のサンマ、初水揚げは20㌧

8・30 陸前高田市で漁具の浮き球を使った「浮き球三角ベースボール」の全国大会

津波に耐えた大槌町・蓬莱島の弁財天像、修復を終えて地元に戻る

8・31 三陸沿岸道路専用生コンクリートプラントが完成し、宮古市の現地で稼働式。国が整備したプラントの完成は県内初

巨大ベルトコンベヤー

大槌高グラウンドお別れ会

吉里吉里海岸海水浴場

北山崎の観光船

「じぇじぇじぇ」の碑

震災1241日

トライアスロン3種目そろい踏み

釜石市鵜住居町の根浜海岸を主会場に、全3種目そろったトライアスロン大会が震災後初めて開かれた。県内外から約130人が出場し、猛暑の中、通常の半分となる総距離25.75キロで争った。2012年は水泳のみ、13年は水泳と長距離走だけだった＝2014年8月3日

復興トピック

「浮き球野球」4年ぶりに熱戦

漁具の浮き球をボールに見立てた「浮き球野球」が、陸前高田市の第一中仮設グラウンドで開かれた。同市での大会開催は4年ぶりで、震災前は高田松原が会場だった。この日は千葉や京都を含む14チームが参加、一日も早い復興を願いながら熱戦を繰り広げた＝2014年8月30日

2014年

9・13 海洋研究開発機構所有の最新鋭調査船「新青丸」（1629㌧）が、母港の大槌港に着岸

9・15 陸前高田市小友町の復旧田で、オリジナルブランド米「たかたのゆめ」刈り取り

9・19 陸前高田市立図書館所蔵の「吉田家文書」、国立国会図書館での修復作業を終えて県立博物館に

10・1 陸前高田市内で初めてとなる災害公営住宅下和野団地（120戸）の入居始まる

10・5 陸前高田市のコミュニティーカフェ「りくカフェ」が本設オープン

陸前高田未来商店街で「小さな音楽祭・in陸前高田」。人気バンド「スピッツ」が出演

10・9 久慈国家石油備蓄基地で岩盤タンク内の原油約2万5千キロリットルを震災後初めて放出

10・25 震災後初の大船渡市産業まつり始まる

10・28 陸前高田市、復興支援を受けてきた名古屋市と友好都市協定を締結

10・31 陸前高田市高田松原地区に震災の国営追悼・祈念施設を設けることを閣議決定

11・2 大槌小・中仮設グラウンドで「復興祈願！大槌町民大運動会」初開催

11・4 県立学校沿岸漁業共同実習船「海翔」（170㌧）、宮城県石巻市で命名進水式

11・6 草野球チーム「三陸鉄道キットドリームス」設立

11・7 岩泉高の郷土芸能同好会、フランスで開かれた「岩手県復興報告会」で中野七頭舞を披露

11・11 被災した大槌町のさけます第2ふ化場再建

11・22 釜石市の旅館宝来館の裏山に、車いすでも上れる緊急避難路を整備。現地で式典

11・23 気仙地域の船大工が建造した復元千石船「気仙丸」（35㌧）が大船渡湾で初めて帆走

野田村の高台団地に南浜地区コミュニティセンター完成。被災した村内の集会所では初の復旧

宮古市で五輪3連覇の吉田沙保里選手がレスリング教室

被災した陸前高田市消防防災センター再建

12・5 釜石市の共同店舗「タウンポートおおまち」がグランドオープン。テナント9店そろって営業開始

12・18 津波で全壊し、移転新築した釜石署平田駐在所の利用開始。被災した県警施設の復旧第1号

12・24 JR山田線宮古―釜石間の三陸鉄道運営移管案について、沿線自治体などが受け入れ合意

津波で全壊した久慈市の小袖海女センター完成

小袖海女センター　タウンポートおおまち　三陸鉄道キットドリームス　共同実習船「海翔」

復旧田で稲刈り

震災 1332日

初の町民運動会 大槌に歓声響く

大槌町の大槌小・中仮設グラウンドで、町民有志が企画した「復興祈願！大槌町民大運動会」が初めて開かれた。ボランティアなどで関わった町外の人も含め、400人余りが8チームに分かれて「バケツリレー」「声出し合戦」などで競い合い、地域や世代を超えた絆を強めた＝2014年11月2日

復興トピック

津波に耐えた気仙丸 大船渡湾を帆走

気仙地域の船大工が建造し、津波に耐えた復元千石船「気仙丸」が、大船渡湾を帆走した。20余年前の建造以来、蛸ノ浦漁港に係留されたままで、潮風を受けて海上を進む姿を披露するのは初めて。最大時速6ノット（10キロ）で水面を悠々と進み、江戸時代の海運を担った雄姿の再現に、関係者は感無量だった＝2014年11月23日

2015年

1・5 大船渡中野球部が校庭で部活動再開。仮設住宅の駐車場明け渡す

1・12 普代村・鵜鳥神楽の三陸沿岸巡行に、普代小6年生3人が小学生として初参加

1・16 文化審議会が鵜鳥神楽を国重要無形民俗文化財に指定するよう答申。普代村初の国指定文化財に

大槌町の佐々木格さんが自宅庭園に設置した電話ボックス「風の電話」の修復完了

1・17 田野畑村の住宅再建事業が完了し記念式典

1・28 宮古市の田老三小校庭にあった仮設住宅の解体工事完了。校庭の仮設住宅が完全に撤去されるのは岩手、宮城両県で初

1・31 大船渡市三陸町越喜来の三陸公民館の復旧工事が完了、利用開始

2・2 第19回防災まちづくり大賞でNPO法人カタリバが大槌町で進める「3・11復興木碑設置プロジェクト」が日本防火・防災協会長賞を受賞

2・9 釜石市鵜住居地区防災センター跡地付近の追悼施設、かさ上げ工事で常楽寺に移転

2・14 宮古市で県立学校沿岸漁業共同実習船「海翔」の竣工式。日本財団の支援を受け、宮城県石巻市で建造

大船渡市盛町の「Three Peaks Winery」が初の自社製ワイン試飲会

2・17 午前8時6分ごろの地震で津波注意報。久慈港で20㌢、宮古で10㌢の津波を観測。午後1時46分ごろには本県沖を震源とする地震が発生し、普代村で震度5弱

2・19 陸前高田市の「陸前高田ハナミズキのみちの会」が避難路にハナミズキの植樹を求める署名1万873人分を市長に提出

2・26 釜石市の上中島町復興公営住宅2期（156戸）が完成し、現地で竣工式。市内の公営住宅では最大規模

2・28 「奇跡の一本松」の枝で復興相の公印。全日本印章業協会所属の若手職人らが共同製作

3・2 ラグビーの2019年W杯日本大会の開催地が釜石市など12会場に決定

3・3 釜石市片岸町の防潮堤復旧工事の安全祈願祭。被災3県で初めて土地収用の認定を受ける

3・6 三陸鉄道の陸中野田―野田玉川間で車両搬出作業。ミャンマーへの車両譲渡は震災後初

3・7 JR山田線宮古―釜石間で復旧工事始まる

「宮古―釜石」鉄路復旧工事　ミャンマーへ車両譲渡　ラグビーW杯開催決定　上中島町復興公営住宅

大船渡産ワイン

震災1396日

「部活のために」仮設駐車場譲る

大船渡市の大船渡中校庭に立つ仮設住宅自治会が、駐車場53台分を部活動の運動スペースとして自主的に明け渡した。広さは30㍍×40㍍ほどだが、早速、同校野球部がダッシュを繰り返した。鈴木雄大主将は「走塁やノックができてうれしい」と感謝していた＝2015年1月5日

復興トピック

故やなせさんの思い一本松アートに

「アンパンマン」生みの親、やなせたかしさん＝2013年死去＝のイラストを使ったモザイクタイルが完成し、陸前高田市の「奇跡の一本松」前で除幕式が行われた。やなせさんが一本松をモデルに描いた「ヒョロ松君」を、就労支援事業所「あすなろホーム」の入所者らが約3カ月かけて制作した＝2015年3月5日

2015年

3・11 県と野田村が合同追悼式
3・14 遠野市が後方支援資料館を開設
釜石保育園が間借りの園舎で最後の卒園式。幼保連携の「かまいしこども園」として再出発
バス高速輸送システム（BRT）の陸前高田駅新駅舎と高田高校前駅が開業
3・18 小中一貫教育移行の大槌小で卒業式
宮古市の災害公営住宅佐原第2団地（50戸）の入居開始。県営では市内最初
3・19 山田町が身元不明の震災犠牲者18人の遺骨を町営墓地に納骨
3・20 東京都立中央図書館が修復した郷土資料51点、陸前高田市立図書館に里帰り
3・23 被災の高田高、震災後から利用した大船渡東高萱中校舎（旧大船渡農高）で最後の終業式
3・29 山田町の織笠地区で、防災集団移転促進事業（防集）による高台移転団地の第1ブロック完成
野田村で防集による3高台団地の造成完了
3・31 大船渡市社会福祉協議会の写真洗浄事業終了
4・4 三鉄の全線運行再開1周年記念行事スタート。久慈駅の駅名文字板が2日間限定で「北三陸駅」に
陸前高田市の広田保育園、新園舎で初の入園式
大船渡市の「チンドン寺町一座」が第61回「全日本チンドンコンクール」素人部門で7年ぶり2度目の最優秀賞
4・7 大槌町の小中一貫教育校、吉里吉里学園で初の入学式

思いを力に前へ
東日本大震災4年 県・野田村合同追悼式
犠牲者しのぶ
「悲しさを優しさに」 内舘さん（山田）誓う
都内で政府式典
一歩一歩 ともに

（2015年3月12日付岩手日報1面）

萱中校舎

身元不明者の納骨

BRT新駅

釜石保育園

3月11日、釜石･常楽寺

震災1481日
4年間で51万枚 写真洗浄終える

大船渡市社会福祉協議会による被災写真の洗浄事業が2015年3月末で終了した。活動は震災直後から始まり、4年間で洗浄した写真は51万枚余。そのうち約48万枚が返却できた

震災1464日
老舗の菓子店 流失店舗を再建

本支店を流失した陸前高田市の老舗菓子店が復活。「おかし工房木村屋」をオープンさせた。仮設店舗で人気だった「夢の樹（いつき）バウム」などを地元客らが次々と買い求めていた＝2015年3月14日、陸前高田市高田町

4・7	三陸沿岸道路の土砂、新校舎建設中の小本小・中学校（岩泉町）で校庭として活用
4・9	高田高、高台再建の新校舎で入学式
4・10	一関、大船渡、遠野、陸前高田、住田、大槌の6市町の露地栽培原木シイタケの出荷制限を一部解除
4・12	陸前高田市の高田松原海水浴場にあった宴会施設「海浜館」、盛り土した高台近くに再建
4・14	山田湾のオランダ島で津波による倒木を撤去
4・15	野田村中心部の災害公営住宅が完成、鍵の引き渡し式
4・19	東日本大震災発生から1500日
	山田町のさくらまつりでエドヒガンザクラなどの苗木約140本を植樹
4・21	道の駅「釜石仙人峠」がオープン
	震災後に建造された県立学校沿岸漁業共同実習船「海翔」の使用始まる
4・23	釜石市の旅館「宝来館」で落成祝賀会。被災前前と同じ規模に
	田野畑村の机浜番屋群お披露目。津波で流失し、新たに整備
4・24	宮古港開港400周年記念事業が幕開け。宮古市中心部で開港時代行列
	釜石市唐丹町で6年ぶり釜石さくら祭り
4・26	津波で全壊した久慈市・小袖海女センターを再建、本格オープン
5・2	大槌町赤浜地区を舞台にしたドキュメンタリー映画「赤浜ロックンロール」の上映始まる
	釜石市の青葉通りを中心に「Oh!マチ　ミュージックフェスタ」開催。約4年半ぶり
5・3	大船渡市の加茂神社で式年五年大祭（五年祭）。8年ぶりの開催
5・10	大船渡市に伝わる浦浜念仏剣舞と金津流浦浜獅子躍のけいこ場「浦浜民俗芸能伝承館」が完成
	久慈市の久慈港に面する公園に石積みのモニュメント「ケルン・鎮魂の鐘と光」建立
5・15	山田町の無料浴場「御蔵の湯」の解体始まる。運営のNPO法人「大雪りばぁねっと。」代表らは緊急雇用創出事業費を着服したとして、業務上横領の罪などで実刑判決を受けた
5・21	旧事務所が全壊した釜石地方森林組合の本設事務所が完成、釜石市の現地で開所式
5・24	宮古市の「たろう大漁まつり」で、5年ぶりに引き船海上パレード

オランダ島

共同実習船「海翔」

釜石の「宝来館」

浦浜民俗芸能伝承館

久慈のモニュメント

震災1490日

「歴史を築く」新校舎に誓う

津波で校舎が全壊した高田高が高台に再建され、新校舎初の入学式が行われた。新入生164人が「新しい歴史を築きたい」と誓った＝2015年4月9日

震災1504日

番屋群を再建 漁村文化伝承へ

津波で流失した田野畑村机浜番屋群がサポーターらの支援を受けて復活。昔ながらの漁村文化を体験できる22棟が再建され、サッパ船ツアーも行われた＝2015年4月23日

2015年

5・24	大船渡湾内のウニ漁6年ぶり復活
	宮古市民文化会館の油絵「無事を祈る家族達」の修復が終わり、再び展示
5・25	宮古市の田老町漁協の2次加工場再建。「真崎わかめ」ブランドに弾み
5・29	県警の新警備船第二さんりく（19トン）、宮古湾岸壁で就航式
6・14	大船渡市三陸町綾里で復興祈願祭り「綾里魂」。被災した田浜、岩崎、港の3地域に伝わる権現舞を震災後初披露
6・18	大船渡市の綾里沖などでナマコ種苗放流
7・1	釜石市中心部の大町広場が完成
7・4	大槌町小鎚の寺野臼沢団地で「まちびらき式」
	釜石市の老舗・佐野酒店が1926年の創業以来店を構えてきた大町で営業再開
7・5	釜石市の「橋野鉄鉱山・高炉跡」を含む「明治日本の産業革命遺産」がユネスコ世界遺産に決定
7・14	釜石艦砲射撃から70年
7・15	大船渡署の特別出向警察官らの「防犯戦隊ケセンジャー」が通算100回目の防犯寸劇
8・1	インターハイ陸上男子やり投げで高田高の長沼元選手が優勝
	大船渡市の三陸鉄道南リアス線恋し浜駅付近に「恋し浜ホタテデッキ」登場
8・9	釜石納涼花火が復活
8・15	陸前高田市の下矢作灯篭（とうろう）七夕が43年ぶり復活
8・23	大槌高吹奏楽部が震災後初となる定期演奏会
9・1	大船渡の綾里中校庭の黒土田仮設住宅（90戸）解体作業始まる。校庭の団地を全面撤去するのは同市内で初
9・7	将棋の第69回全日本アマチュア名人戦全国大会で小山怜央さん＝県立大4年、釜石市生まれ＝が県勢初の優勝
9・15	陸前高田市の巨大ベルトコンベヤーが運転終了
9・18	チリ中部沖でM8・3の地震。久慈港で最大値の80センチの津波観測
9・20	釜石市の中妻町仮設団地で、壁をマグネットで彩る「ハートマーク♥ビューイング」
9・21	沿岸部と海外の芸能団体が集う三陸国際芸術祭、大船渡市でメーン行事
9・27	津波で流失した釜石市・鵜住（うのすみ）神社の本みこし5年ぶり復活

巨大ベルトコンベヤー　下矢作灯篭七夕　防犯戦隊ケセンジャー　橋野鉄鉱山・高炉跡　宮古市民文化会館の油絵

震災 1535日

大船渡湾ウニ漁 6年ぶり復活

大船渡湾内のウニ漁が5月24日、6年ぶりに復活した。津波で悪化した水質が徐々に改善し、長期休漁で身入りも十分。30日は大船渡市赤崎町の東善一さんが「たも」を器用に操ってウニを水揚げし「長い5年間だった」と久しぶりの漁を喜んだ

震災 1536日

「真崎わかめ」新施設で再出発

「真崎（まさき）わかめ」ブランドで知られる宮古市の田老町漁協の2次加工場が再建された。塩蔵ワカメの選別作業など、それまではプレハブでの作業を余儀なくされていたが、最新の設備を備えた施設に生まれ変わった＝2015年5月25日

9・30 大船渡市漁協が震災後初のカキ出荷

10・5 和歌山国体陸上少年男子Aやり投げで長沼元選手が県新、県高校新の73㍍28で優勝

10・8 陸前高田市の慈恩寺で「漂流ポスト3・11」に届けられた手紙の供養

10・11 陸前高田市の黒崎神社で4年に一度の例大祭。広田町の根岬はしご虎舞組は約50年受け継いできたはしごを新調

陸前高田市で高田町合同復興祈願式年大祭。5年に一度の高田町合同式年大祭（五年祭）は震災後初

10・16 震災前に途絶えた釜石市の特産「甲子柿」の産地共同出荷を再開

10・18 陸前高田市矢作町の天照御祖神社の五年式年大祭

10・23 宮古港の竜神崎地区防波堤で、ケーソン全39基のうち最後の1基を据え付け

10・27 被災した岩泉町の小本保育園に代わる「おもとこども園」が開園

10・31 大船渡市末崎町の熊野神社で8年ぶり式年大祭（五年祭）

11・1 陸前高田市米崎町の脇の沢団地が完成。高田と今泉の2団地を除く市内全28防集団地358戸の造成が終了

岩泉町で「おもと復活祭」

11・7 陸前高田市米崎町の天照御祖神社（通称・松峯神社）の五年大祭8年ぶりに開催

11・11 大槌町の新おおつち漁協、大槌漁港に番屋を再建

11・13 三陸鉄道への運営移管が決まったJR山田線宮古―釜石間（55・4㌔）のうち、宮古市の閉伊川にかかる第34閉伊川橋梁（全長245㍍）の復旧工事安全祈願祭

11・15 釜石市のラグビーカフェ釜石がプレオープン

陸前高田市で「復興の道しるべ　陸前高田応援マラソン」。震災以降中断していた市民マラソン大会が復活

11・22 宮古市の田老地区で、高台移転団地の完成を記念したまちびらき式

11・23 大槌町が一般住民らを対象に旧役場庁舎の解体方針の説明・意見交換会

11・27 整備が進む山田町の本設商店街「新生やまだ商店街」の第1号店として、コンビニ「セブン―イレブン山田町中央店」が開店

田老地区のまちびらき式　閉伊川橋梁　おもと復活祭　釜石の「甲子柿」　漂流ポスト3・11の手紙供養

震災1710日　復興のまち800人力走

震災後、中断していた陸前高田市の市民マラソンが復活。米崎保育園前を発着点にした10㌔から1.5㌔までの四つのコースに、全国から約800人がエントリー。復興へ向かうまちをさっそうと駆け抜けた＝2015年11月15日

震災1664日　大船渡産カキ震災後初出荷

東京・築地市場で高い評価を受ける「大船渡産カキ」が、震災後初めて出荷された。津波で施設が壊滅的な被害を受けたものの、約80人が生産を再開。大船渡市漁協の製氷工場で出荷式が行われ、むき身や殻付きを積んだトラックを見送った＝2015年9月30日

2015年

11・29 山田町「やまだの鮭まつり」、サケ不漁でつかみどりを中止
大船渡市三陸町の三陸沿岸道路吉浜道路（３・６㌔）が開通

11・30 大槌町長、旧役場庁舎解体方針に変更がないこと正式表明

12・4 旧役場庁舎解体をめぐり、大槌高生徒105人でつくる復興研究会が慎重な検討を求める要望書

12・5 JR大船渡線BRTの気仙沼―盛間に「大船渡魚市場前駅」開業

12・6 黒森神楽（宮古市）の舞納めで半世紀ぶりに「島原」上演

12・7 大船渡市のすし店「大鮨」が店舗再建。JR大船渡駅周辺の土地区画整理事業の区域で初

12・8 大船渡港に放置されていたロシア船籍貨物船「フリゾリトヴィ号」、解体のため八戸港に向けて出発

12・11 JR山田線の松草―平津戸間で上り普通列車（１両編成）が脱線。崩れた土砂に乗り上げる

12・12 津波で被災し、支援で修復された陸前高田市立博物館のリードオルガンの演奏会

12・13 閉校した宮古市の鵜磯小と千鶏小で、両校に残ったピアノによる演奏会

12・21 大槌町の浪板海岸沿いの交流・物販施設「浪板海岸ヴィレッジ」、交流施設の利用開始

12・23 釜石市に常設では国内初となる「ミッフィーカフェ」オープン

12・25 JR大船渡線気仙沼―盛間の沿線３市、鉄路復旧の断念を受け入れ。BRTの継続が正式決定

2016年

1・6 「釜石最後の芸者」と呼ばれた日本舞踊家・伊藤艶子（舞踊名・藤間千雅乃）さん死去。89歳。

1・13 岩泉町の小本診療所が開所。震災後は小本仮設団地集会所で診療を行ってきた

1・26 津波で全壊した大船渡署綾里駐在所を再建
陸前高田市の国道45号にまたがる巨大ベルトコンベヤーのフレーム撤去

2・28 大槌町で「おおつちバラエティーショー」初開催

2・29 JR八戸線のレストラン列車「東北エモーション」の洋野町民号運行。町誕生10周年を記念

3・4 大船渡市の津波浸水域などで飼育していたヒツジ５頭、東北農業研究センター（盛岡市）に引き渡し

3・6 陸前高田市米崎町の勝木田地区で震災後初の慰霊祭。９年ぶりに伝統芸能「秋葉大名行列舞」

3・10 釜石海上保安部、陸前高田市の広田湾で水中捜索

三陸道吉浜道路

BRT大船渡魚市場前駅

フリゾリトヴィ号

洋野町民号

広田湾水中捜索

震災1782日 巨大コンベヤー お疲れさま

市街地かさ上げのため、高台の土砂を運んだ陸前高田市の巨大ベルトコンベヤーが役割を終え、国道45号上にまたがるフレームが撤去された。ダンプトラックで9年かかるとされた作業を、約1年半で処理した＝2016年1月26日

震災1815日 「復興舞台」で町民の心一つ

舞台を通じて町を元気づけようと「おおつちバラエティーショー」が初めて行われた。約200人が4時間にわたって演劇、合唱、ダンスなどを披露。方言を利かせた演劇「産婆でサンバ☆」は笑いと涙を誘い、人形劇団「あんど娘」は流失した人形を新調し、復活の舞台を踏んだ＝2016年2月28日

震災4年

復興トピック

憩いの地「五本松」盆踊りでお別れ

陸前高田市高田町森の前地区にある「五本松」が埋め立てられるのを前に、地元住民が盆踊りなどで別れを惜しんだ。五本松は巨石に松と石碑が並ぶ場所で、昔から憩いの場所として親しまれていた。かさ上げ工事で姿を消すことになり、70代女性は「生まれ育った場所の昔の面影も全部なくなってしまう。本当に悲しい」と声を震わせた＝2015年5月23日

大槌町赤浜を描いたドキュメンタリー

震災で大きな被害を受けた大槌町赤浜地区を舞台にしたドキュメンタリー映画「赤浜ロックンロール」が完成、東京や盛岡で上映された。監督の小西晴子さんが大槌町でボランティアに入ったことがきっかけで、ロック好きの漁師阿部力（つとむ）さんを軸に描いた。小西さんは「自分たちの町は自分たちで守る、という誇りや気骨を描きたかった」という＝2015年6月7日（写真左は出演した川口博美さん）

男子やり投げで高校日本一の栄冠

全国高校総体の陸上男子やり投げで、高田高3年の長沼元（げん）選手が初優勝。県勢としても男子投てき種目で41年ぶりの高校日本一の快挙を果たした。直前の世界ユース選手権にも出場した長沼選手は、予選を65メートル18で通過。決勝2投目に66メートル75を投げてトップに立ち、そのまま逃げ切った＝2015年8月1日、和歌山市紀三井寺陸上競技場

閉校小のピアノ音色これからも

震災で閉校となった宮古市重茂の鵜磯小と千鶏小で、保存されることになった両校のピアノの演奏会が開かれた。それぞれの学校で校歌を演奏した後、東北大ピアノサークルの学生たちがトラックの荷台に載せたピアノを演奏しながら重茂地区を巡回。最後は千鶏小校庭でラフマニノフ「ピアノ協奏曲第2番第1楽章」を奏で、海に向かって音色を響かせた＝2015年12月13日

2016年

3・11 県と大船渡市が合同追悼式

3・12 盛り土造成した大槌町方地区で「末広町まちびらき式」

パリで震災追悼コンサート。大船渡・第一中の生徒4人も合唱で参加

かまいしこども園で初の卒園式。18人巣立つ

被災した大船渡プラザホテル、移転新築し開業

3・13 大船渡市大船渡町で「第1期まちびらき」

3・15 大船渡市・赤崎中で仮設校舎最後の卒業式。岩泉町・小本中は移転復旧した新校舎で卒業式

3・18 岩泉町の小本小と大牛内分校、移転新校舎で卒業式。分校は最後の卒業生

3・19 大槌消防署、かさ上げ地の新庁舎で業務開始

「奇跡の一本松」から育てた苗木を出雲大社に植樹

3・20 陸前高田市の横田中で閉校式

県医師会の高田診療所閉所

3・21 選抜高校野球1回戦で釜石が初戦突破

久慈市・地下水族科学館もぐらんぴあにアオウミガメのカメ吉戻る

3・22 大船渡市赤崎町の合足（あったり）農地海岸堤防が完成。高さ14・1メートル、延長234メートル

3・24 久慈市宇部町久喜地区の市道石倉中沢線いしくら恵橋が開通。海岸部を通らない避難経路を確保

3・25 大槌町の大槌川にに架かる源水大橋開通。災害公営住宅や消防署がある源水地区と県道を結ぶ

あなたに 誓う明日

東日本大震災5年

（2016年3月12日付岩手日報1面）

慈・いしくら恵橋

アオウミガメのカメ吉

センバツ甲子園

大槌消防署新庁舎

3月11日、宮古市田老の防潮堤

震災1829日

大船渡駅前で「まちびらき」

大船渡市大船渡町のJR大船渡駅前で「第1期まちびらき」が行われ、市民や関係者ら約600人が中心市街地の再生を祝った。津波復興拠点整備事業の一環として、駅前ロータリーとなる交通広場完成と大船渡プラザホテルの開業に合わせた。式典では地元園児の「ししおどり」や大船渡東高太鼓部の演奏が披露され、まちびらきに花を添えた＝2016年3月13日

復興トピック

大槌と秋田・五城目 絆のショップ閉店

震災をきっかけにした大槌町と秋田県五城目町のアンテナショップ「結海（ゆうみ）」＝花巻市＝が3月末で閉店した。大槌町のホテルに宿泊していた五城目町の住民が無事避難できたことで絆が生まれ、2012年5月に漬物製造・販売の「道奥（みちのく）」の空き店舗を利用して開店。特産品販売など通じて交流を深めた。感謝祭では伝統芸能が披露され、訪れた人たちが閉店を惜しんだ＝2016年3月21日

3・27	陸前高田市の認定NPO法人「桜ライン311」が通算千本の桜植樹を達成
3・30	野田村城内地区の災害公営住宅（54戸）の鍵引き渡し式。同村最大規模で最後の整備
3・31	三陸鉄道の初代お座敷列車「さんりくしおかぜ」が引退
4・1	震災遺構第1号となる宮古市の「たろう観光ホテル」で一般公開始まる
4・6	宮古市・津軽石保育所が新築園舎で入所・進級式。全壊した同市内の幼保施設3カ所すべて再建
4・7	大槌町の大槌学園で入学式。県内初の9年一貫の「義務教育学校」
	被災の大船渡署高田幹部交番（陸前高田市）が新庁舎で業務開始
4・11	釜石市鵜住居町に整備する追悼公園の築山の土台として、解体した鵜住居地区防災センターのコンクリート片を搬入
4・23	久慈市の久慈地下水族科学館もぐらんぴあ、再建施設で営業再開
4・27	久慈市長内町・玉の脇地区の「結の橋」が開通
	全壊した県立大槌病院の新病院が完成
4・29	大槌町・蓬莱島に弁財天像を「遷座」。「ひょうたん島まつり」も復活
5・4	大船渡市赤崎町の尾崎神社で4年に一度の式年大祭（五年祭）。前回は震災で中止、8年ぶり開催
6・3	大船渡市が景勝地・碁石海岸にちなみ、5月14日を「碁石の日」に制定
6・30	震災で休館していた釜石市の旧釜石鉱山事務所がリニューアルオープン
7・2	釜石市の地域紙「復興釜石新聞」が500号の節目。2011年6月創刊
7・13	釜石市の東日本大震災教訓集と記録集が完成。教訓に特化した冊子は県内初
7・16	宮古市の崎山貝塚縄文の森公園複合施設がオープン
7・17	ラグビーの名選手ダン・カーターさん、釜石市で子どもたちと交流
7・24	大船渡市の越喜来浪板海水浴場で1日限りの海水浴行事
7・28	大船渡市三陸町吉浜の根白漁港の災害復旧工事が完了。気仙地区9カ所の県管理漁港で初の完全復旧

桜ライン311

たろう観光ホテル

防災センターのコンクリート片

尾崎神社の式年大祭

越喜来浪板海水浴場

震災1854日

6人の遺志継ぐ 交番新庁舎

津波で全壊した陸前高田市の大船渡署高田幹部交番が高台に移転新築された。壁には住民の避難誘導などで殉職した同交番3人を含む署員6人の遺影が掲げられ、新庁舎での業務初日、三島木達也所長らは「遺志を継ぎ、被災者に寄り添い、安らぎを与えられるような交番を目指す」と誓った＝2016年4月7日

復興トピック

移転団地の住民が避難路整備に汗

大船渡市末崎（まっさき）町の泊里（とまり）地区で、高台の団地に入居する住民らが避難路を整備した。木の根などを取り除いて砂利を敷き詰め、延長約80メートル、幅約1・8メートルの避難路をつくった。団地ができて初めての共同作業ながら、「ご近所」の結束力を早くも発揮した＝2016年4月10日

2016年

7・31 田野畑村の三陸鉄道島越駅に、故吉村昭さんらの著作を並べた「吉村文庫」が復活

8・2 宮古市田老診療所を再建、現地で開所式

8・5 「大船渡・海を愛する会」の海上七夕船が30回目の運航

8・6 久慈市「あまちゃんハウス」の営業再開。旧まちなか水族館跡地を改装

8・8 大船渡市・綾里中の校庭復旧工事が完了。校庭の仮設住宅撤去は市内の小中9校で初めて

8・9 野田村出身の中野亨道選手、リオデジャネイロ五輪柔道男子81㌔級にフィリピン代表として出場

8・19 高台に再建した県立山田病院の落成式

8・24 大船渡にサンマ初水揚げ、約33㌧

8・30 台風10号が本県上陸。沿岸部に甚大な被害

9・1 大槌町の「生きた証プロジェクト」、町民有志が事業を引き継ぐ協議会設立

9・6 釜石市・根浜海岸特設会場で国体新種目のオープンウオーター。沿岸被災地での正式種目は初

9・14 リオデジャネイロ・パラ五輪の陸上男子砲丸投げ（車いすF53）で、68歳の大井利江選手＝洋野町＝が7位入賞

9・25 沿岸唯一の映画館、宮古市のシネマリーン閉館

9・26 大槌町の大槌学園、新校舎で授業開始

9・28 天皇、皇后両陛下が本県入り。大槌町では被災ホテル再建の経営者らに励ましのお言葉

9・29 陸前高田市の県道大船渡広田陸前高田線の花貝地区が開通。高台の幹線道路

9・30 大船渡市の災害公営住宅下舘下アパートが完成。同市内26団地801戸の整備が全て完了

10・1 第71回国民体育大会「希望郷いわて国体」本大会が開幕

10・2 釜石市で岩手国体トライアスロン競技

10・9 陸前高田市の八幡神社で8年ぶり、熊野神社で10年ぶりの式年大祭
大船渡市でサンマ1260匹を一直線に並べるギネス記録達成
秋篠宮ご夫妻が久慈市を訪問

10・22 大槌学園で大型陶板アートの寄贈除幕式。2014年に美術作家浅井裕介さんと大槌小、大槌中の児童生徒が描いた絵画を基に制作

11・1 台風10号豪雨で被災した岩泉町「道の駅いわいずみ」が営業再開

槌学園の陶板アート

サンマのギネス記録

宮古・シネマリーン

オープンウオーター

県立山田病院

震災1971日

全壊の診療所 高台再建果たす

津波で全壊した宮古市の田老診療所が高台に再建され、開所式で住民らが診療開始を祝った。診療所はスタッフ10人体制で、歯科医院と薬局を集約。発熱外来にも対応する。震災後は国境なき医師団日本の支援を受け、グリーンピア三陸みやこで仮設診療所として運営していた＝2016年8月2日

復興トピック

復興支えて5年 仮設食堂に幕

大槌町吉里吉里の仮設食堂「よってったんせぇ」が惜しまれつつ閉店した。2011年8月から食事を提供し、ボランティアや工事関係者にも親しまれた。営業最終日は地元住民、なじみ客らが店自慢のワカメラーメンや海鮮スープカレーなどを注文。笑顔で接客するスタッフに「今までありがとう」と感謝の言葉をかけていた＝2016年8月31日

- 11・5 初の「世界津波の日」。県内でも訓練や防災授業
- 11・7 大船渡市の仮設商店街・おおふなと夢商店街で、最後のイベント「百縁笑店街」
- 11・10 津波で全壊した大船渡市三陸町の越喜来小、高台の新校舎に移転。同市内の被災小中学校で初
- 11・13 久慈市湊町に「津波避難タワー」が完成
- 11・15 釜石市民劇場、30回の節目で記念公演
- 11・19 約40年続く「おおつち鮭まつり」中止を発表。震災後も開催してきたがサケ不漁で決断
- 11・20 普代村役場周辺にカワヅザクラの苗木25本を植樹。「華のまち・普代村」構想の一環
- 11・22 大船渡市の越喜来小体育館でアイドルグループAKB48がコンサート
- 12・1 午前5時59分ごろ、福島県沖を震源とするM7・4の地震が発生。久慈港で津波80チセン
- 12・3 プロ野球楽天の銀次内野手＝普代村出身＝と嶋基宏捕手が岩泉町を訪れ、住民と交流
- 12・5 パンクロックバンド「Hi－STANDARD」が宮古市でライブ。17年ぶりツアーの初日として注目を集める
- 12・11 津波で全壊した大槌町の釜石署大槌交番を再建
- 12・20 〔復興関連道路〕宮古市と遠野市にまたがる国道340号立丸峠で、立丸第2トンネル（920メートル）を含む小峠工区（1・7キロ）が開通
- 12・23 大船渡市の催事場「まるしちザ・プレイス」復活。改装直後の被災を乗り越える
- 〔復興関連道路〕宮古市の市道北部環状線のうち、山口地区と佐原地区の国道45号を結ぶ2・3キロが開通

2017年

- 1・27 釜石市中心部の新しい飲食店街「釜石漁火酒場かまりば」グランドオープン
- 2・12 田野畑村羅賀地区の大宮神楽＝県指定無形民俗文化財＝が8年ぶりに舞い立ち
- 2・19 大槌町小鎚の城山地区に完成した納骨堂で追悼式典。身元不明の遺骨を納める
- 2・20 釜石市の唐丹小と唐丹中、併設の新校舎で授業スタート
- 3・4 県が復興ドラマ「日本一ちいさな本屋」と「冬のホタル」を制作。大船渡市で県内初の上映会
- 3・9 釜石市の鵜住居地区防災センター跡地に殉難者の慰霊碑設置

大船渡・越喜来小

津波避難タワー

立丸峠・小峠工区

田野畑の大宮神楽

釜石・唐丹小

共同店舗棟でにぎわい再生

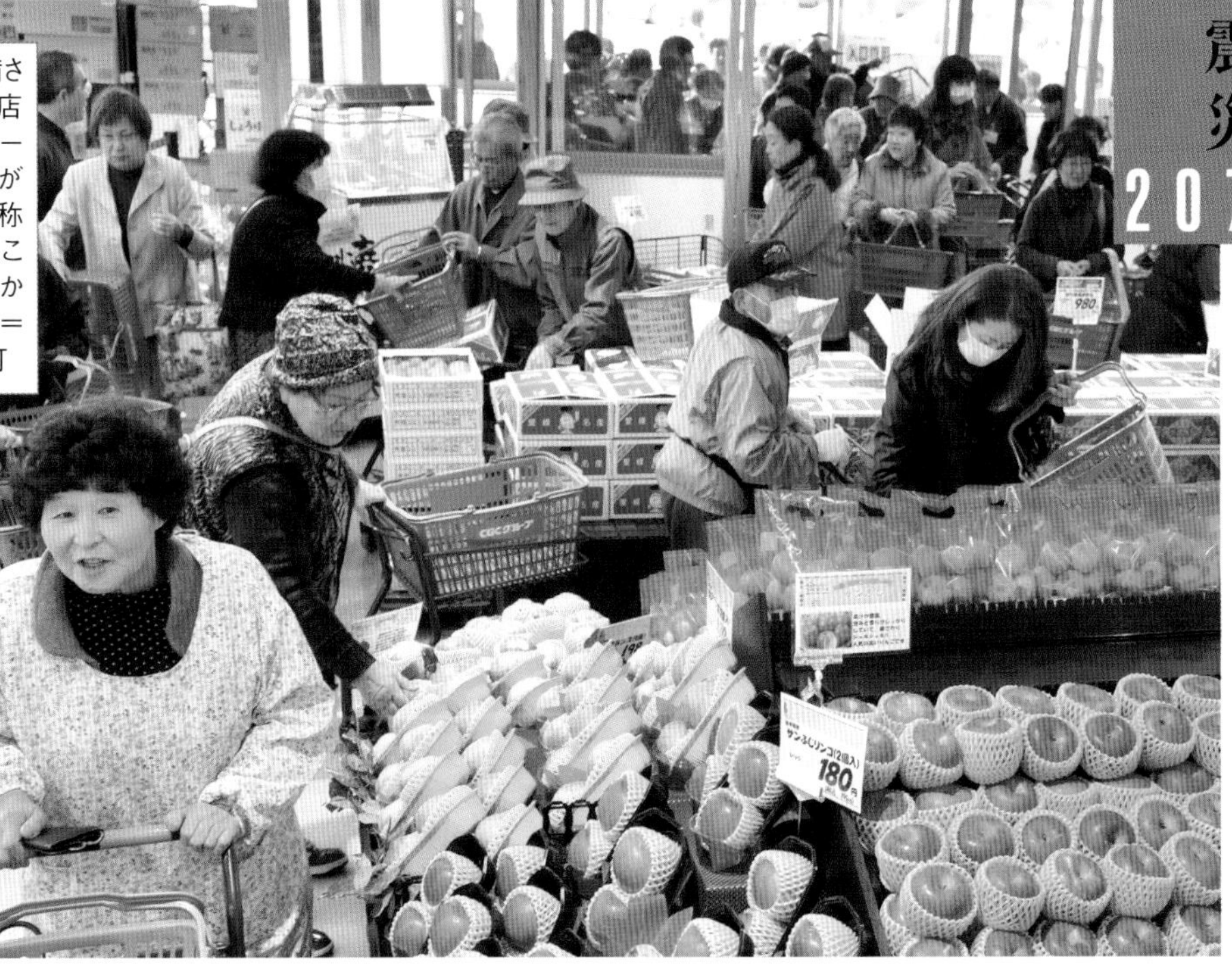

山田町の陸中山田駅東側に整備された「まちなか再生区域」に、共同店舗棟「オール」がオープン。スーパーびはんを核に、被災した店舗などが念願の本設再建を果たした。愛称の「オール」には「みんなで一緒にこぎ出す」との願いが込められ、初日から大勢の町民が買い物を楽しんだ＝2016年11月10日、山田町川向町

復興トピック

「お疲れさま」鵜住居の神木伐採

釜石市鵜住居町の鵜住(うのすみ)神社境内にある神木「夫婦(めおと)クロベ」が2017年1月、倒木の恐れがあるため伐採された。クロベはヒノキ科の常緑樹で、神木は樹齢300年を超すとされていた。震災時は神社に逃れた住民も多く、地域の復興を見守ってきた。境内には山形県神道青年会が12年11月に植えた新しいクロベが育っている。

2017年

3・11 県と釜石市が合同追悼式
大槌町・安渡（あんど）の古学校（ふるがっこう）地区で木製の碑を建て替え
劇団「三陸わらし」、釜石市で震災伝承のミュージカル初上演

3・12 宮古市鍬ケ崎地区に県内初の環状交差点

3・14 大船渡の赤崎小と蛸ノ浦小、最後の卒業式

3・19 神奈川大の被災地支援活動が終了。計220回、延べ1万8500人の学生が参加
大船渡港の大船渡湾口防波堤が完成

3・23 潜水士育成へ洋野町、種市高、日本潜水協会などが協定締結

3・24 大船渡・赤崎小と蛸ノ浦小が最後の離任式

3・25 野田村に三陸鉄道の新駅「十府ケ浦海岸駅」開業
復興関連道路の県道大船渡綾里三陸線小石浜地区（約2・3キロ）が開通

3・31 三陸鉄道・盛駅の「ふれあい待合室」運営終える
「かまいしさいがいエフエム」が閉局

4・5 大槌新聞社が「大槌新聞」230号から有料化

4・7 山田町の船越小で始業式。田の浜地区、浦の浜地区の児童が徒歩通学を再開

4・9 台風10号被害の久慈・あまちゃんハウスが本格再開

4・10 高台移転の釜石市・鵜住居幼稚園が完成

4・15 山田町で復興さくらの丘植樹感謝祭。5年がかりで犠牲・行方不明者と同じ824本の苗木を植樹

忘れない 全てを

東日本大震災6年

（2017年3月12日付岩手日報1面）

徒歩通学再開

伝統の離任式

神奈川大の支援活動

震災伝承ミュージカル

折り鶴で追悼＝3月11日、大船渡市

震災 2206日

十府ケ浦に三鉄の新駅

復興トピック 三鉄・盛駅の「ふれあい待合室」終了

大船渡市のNPO法人が三陸鉄道盛駅で運営していた「ふれあい待合室」が３月末で終了した。震災前から「三鉄応援団」として活動していた夢ネット大船渡（岩城恭治理事長）が震災後、計500回以上ものイベント列車などを企画。最後は貸し切りの「駅弁列車」を走らせ、参加者の笑顔で幕を下ろした＝2017年3月19日

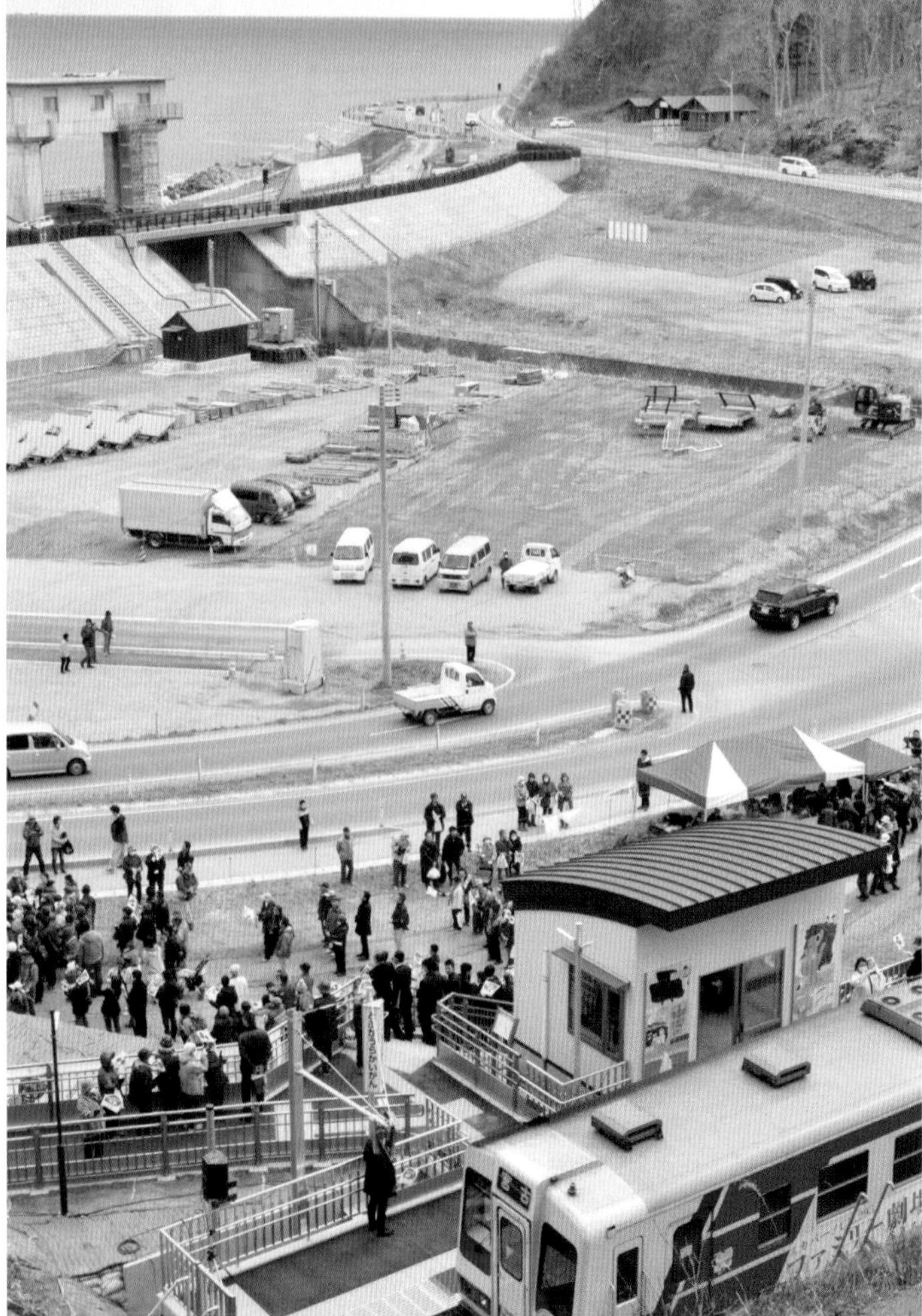

2009年まで開催された野田村「のだ砂まつり」で、臨時駅が開設された場所に常設駅「十府ケ浦海岸駅」が開業した。三陸鉄道としては27番目で、震災後の新駅開業は初＝2017年3月25日

4・20 台風10号被災の岩泉町・道の駅「いわいずみ」が本格営業再開
4・21 2019年ラグビーW杯釜石開催の実行委員会設立
4・22 高台移転の釜石市・鵜住居小と釜石東中、合同で新校舎完成式典
大船渡市のライブハウス「KESEN ROCK FREAKS」本設オープン
4・27 陸前高田市の商業施設「アバッセたかた」開業
4・29 JR大船渡駅周辺地区で「キャッセン・モール&パティオ」など3商業施設が本格オープン
5・7 大船渡市の仮設飲食店街「大船渡屋台村」が全店で営業終了
5・8 釜石市平田で大規模山林火災
5・19 宮古市津軽石の被災農地で水稲作付け。大区画化し、まず2㌶で
5・27 ラグビー名選手マコウさん、釜石市などで交流
高田松原再生へ初の本植栽1250本
6・3 7年ぶりに宮古・下閉伊地方乾しいたけ品評会
6・11 釜石市の岩手大釜石キャンパスの看板上掲式
6・13 陸前高田市の災害公営住宅「脇の沢団地」内覧会。市内11団地895戸の整備完了
「おおつちキッチンカープロジェクト」始動
陸前高田市の居酒屋「公友館　俺っ家」が復活。個人店舗では新市街地初の開店
6・26 高台移転した陸前高田市の国保広田診療所が診療開始
6・30 仮設の陸前高田市立図書館が閉館
7・6 大槌町長に震災検証報告書を提出
7・8 宮古小「歩け歩け運動」が復活
7・12 山田湾オランダ島で震災不明者の合同捜索
宮古市赤前に宮古運動公園を再建
7・15 山田町「鯨と海の科学館」が再開
7・20 被災の陸前高田市立図書館が新施設で開館。商業施設「アバッセたかた」と併設
7・22 山田町の浦の浜海水浴場で海開き。県内初の人工再生砂浜で復活
大船渡市・越喜来浪板海水浴場が海開き
7・29 陸前高田市の夏祭り「チャオチャオ陸前高田道中おどり」7年ぶり復活
8・4 大船渡市の2中学校で仮設住宅撤去。市内の全小中学校で校庭復旧
8・6 釜石市・根浜海岸で第1回オープンウオータースイミング大会

山田・浦の浜海水浴場　鵜住居小と釜石東中　大船渡屋台村　アバッセたかた　さくらの丘植樹

松原再生へ まず1250本

震災 2269日

約7万本が流失した高田松原の再生を願い、笑顔でクロマツの苗を植える記念植樹会の参加者。鳥取県や山口県光市など、全国からの支援を受けた初の本植栽となり、1250本のクロマツが植えられた＝2017年5月27日、陸前高田市高田町

復興トピック　宮古・黒森神楽のドキュメンタリー映画

国の重要無形民俗文化財の宮古市・黒森神楽に密着したドキュメンタリー映画「廻り神楽」が完成し、旧みやこシネマリーンでお披露目の上映会が開かれた。共同監督の大沢未来さん、遠藤協(かのう)さんがクラウドファンディングも活用して制作。新築祝いの「柱固め」、立ち退きの家での「門打ち」など、南回り巡行を94分にまとめた＝2017年7月17日

2017年

8・14 釜石市の鵜住居小・釜石東中で稀勢の里、日馬富士の2横綱が土俵入り披露

8・16 陸前高田市の上の坊集落、14年ぶり盆踊り

大船渡市越喜来で「三陸港まつり」。雨で港での開催は持ち越し

8・21 宮古市出身のバレエダンサー太田倫功さん、フランスの国立オペラ団「オペラ・ナショナル・ドゥ・ライン」に正式入団

8・22 野田村・野田中校庭で仮設住宅団地の撤去完了

8・24 大船渡のサンマ、今季初水揚げは15トン

8・26 宮古市・宮古二中の校庭復旧。仮設住宅を撤去

8・29 被災漁業者支援のアドボート・ジャパン（盛岡市）、大船渡市で最後の広告掲示作業

9・3 岩泉町「浜の駅おもと愛土館」が被災跡地にオープン。同町の主な復興事業は完了

9・3 山田町・大杉神社で津波流失の鳥居1基復活

9・5 大船渡市、防災集団移転促進事業の宅地造成完了

9・15 「宮古さんまふるさと便」の発送中止

9・17 女優のんさん、久慈秋まつりに出演。2013年以来

9・23 釜石港で大型荷役機械・ガントリークレーンが稼働開始。大阪府が無償譲渡

9・29 台風10号被災の岩泉町・岩泉乳業、ヨーグルト製造などの新工場完成

10・1 釜石市平田の尾崎神社のご神体、奥宮に戻る。大規模山林火災で避難先から

陸前高田市の新商店街「陸前高田まちなかテラス」オープン

田野畑村で盆踊り大会。初の6地区一斉開催

陸前高田市のまちなかテラス隣に交流施設。建築家伊東豊雄さんが設計したSUMIKAパヴィリオン＝宇都宮市＝を移設

10・2 ももいろクローバーZの百田夏菜子さんと高城れにさん、久慈市・久慈小で交流

10・5 宮古市津軽石・赤前工区の農地復旧が完了、一部区画で稲刈り

10・8 津波で全壊した陸前高田市・如意山金剛寺の本堂が完成、落慶法要

10・8 「岩泉ヨーグルト」県内先行で販売再開

10・28 大船渡市で将棋の第30期竜王戦第2局（29日まで）

ガントリークレーン

山田・大杉神社

浜の駅おもと愛土館

野田中校庭

大槌町・よ市

震災 2396日

かさ上げ市街地に新商店街オープン

かさ上げした陸前高田市の中心市街地に、被災した5店舗でつくる「陸前高田まちなかテラス」がオープン。老舗そば店やぶ屋や中華食堂熊谷などが合同会社を設立し、そろって本設再建を果たした。オープン初日は大勢の人が訪れ、新しい商店街の誕生を祝った＝2017年10月1日、陸前高田市高田町

復興トピック

大船渡で将棋と囲碁のタイトル戦

大船渡市で将棋と囲碁のタイトル戦が相次いで行われ、盤上の熱戦で被災地を励ました。

2017年10月は将棋の第30期竜王戦7番勝負第2局が指され、史上初の「永世七冠」を目指す羽生善治棋聖＝当時＝が、128手で3連覇を期す渡辺明竜王に連勝した。

18年2月には囲碁の第42期棋聖戦7番勝負第4局が打たれ、井山裕太棋聖が177手で挑戦者の一力遼八段を退け、全七冠を守った。

将棋の竜王戦第2局＝2017年10月28日

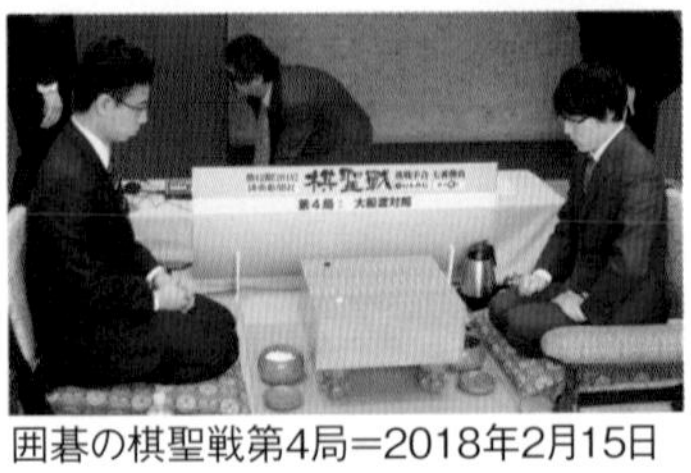

囲碁の棋聖戦第4局＝2018年2月15日

11・5 JR山田線盛岡―宮古間ほぼ2年ぶり全通。2015年12月の土砂崩れで脱線、不通だった上米内―川内間が運行再開
宮古市内3地区で運用開始した水門・陸閘自動閉鎖システムの総合訓練
11・15 大船渡市・さいとう製菓が総本店「かもめテラス」をオープン
11・17 釜石港と中国、韓国を直接結ぶコンテナ定期便が本格就航。県内の国際コンテナ定期航路が復活
11・19 三陸沿岸道路の山田宮古道路（14㌔）が開通。震災後に事業着手した復興道路・復興支援道路としては初
11・22 震災の拾得物返還事業「陸前高田市思い出の品」が終了（2018年9月再開）
11・26 サケ不漁で「山田の鮭まつり」中止
12・3 大槌町・おおつち鮭まつり、2年ぶり開催
12・10 第40回かまいしの第九、釜石市民ホール「TETTO（テット）」こけら落とし公演として開催
12・18 宮古署が移転新築。被災警察署の再建は初めて
12・25 三陸鉄道・盛―久慈間の路線名は「リアス線」
12・27 釜石市・甲子川河口部の市道港町2号線「千年橋」が開通。国道283号からイオンタウン釜石に直結
大船渡市・赤崎グラウンドを人工芝化。Jリーグ鹿島の小笠原満男選手が子どもらと交流

2018年

1・7 岩泉町で第30回龍泉洞みずまつり
2・5 釜石海上保安部の巡視船「きたかみ」が解役
2・6 国の天然記念物、陸前高田市・華蔵寺の宝珠マツを伐採
2・11 大阪大の野田村サテライト最終セミナー。5年間60回の活動に一区切り
2・15 大船渡市で囲碁の第42期棋聖戦7番勝負第4局（16日まで）
2・16 県立高田病院を陸前高田市の高台に再建。被災した3県立病院が全て本設再開
3・3 大船渡市で「漁火イルミネーション」初開催

JR山田線盛岡―宮古再開

「TETTO」こけら落とし

釜石市の「千年橋」

県立高田病院

華蔵寺の宝珠マツ

震災 2445日

宮古―山田で復興道路開通

三陸沿岸道路（359㌔）のうち、宮古市金浜と山田町山田を結ぶ山田宮古道路（14㌔）が開通した。震災後に事業着手した復興道路・復興支援道路としては初。式典には関係者約280人が出席し、消防や物流、水産関係の車両がパレードした　=2017年11月19日、宮古市津軽石

復興トピック

「津波の語り部」田畑ヨシさん死去

昭和と平成の大津波を経験し、自作の紙芝居を通じて津波の恐ろしさを説いた田畑ヨシさん＝宮古市田老出身＝が2018年2月28日、93歳で亡くなった。祖父が明治の大津波を経験し、自身も8歳の時に昭和の大津波で被災。その教訓を孫の代に伝えようと54歳から紙芝居「つなみ」で「命てんでんこ」の大切さを伝え続けた。田老地区の高台には、田畑さんが作った「海嘯鎮魂の詩」の詩碑がある。

宮古市・田老三小で津波の恐ろしさを伝える田畑ヨシさん＝2011年9月

2018年

3・11	県と宮古市が合同追悼式
	野田村・十府ケ浦公園で津波記念碑の除幕
3・15	大槌町議会が町役場旧庁舎解体予算案を可決
3・16	本県で唯一継続していた陸前高田災害FMが閉局
3・17	釜石海上保安部の新巡視船「きたかみ」お披露目
3・19	陸前高田市・第一中で閉校式。53年の校史に幕
3・20	大船渡市防災観光交流センター完成
3・24	宮古工高機械科の津波模型班に特別表彰
3・27	釜石港湾口防波堤の復旧完了
3・30	全壊した宮古署山田交番、高台に新築移転
3・31	宮古市の田老サポートセンター閉鎖
	仮設店舗で営業を続けてきた釜石市の名物飲食店街「呑ん兵衛横丁」閉鎖
	大船渡市のNPO法人夢ネット大船渡が活動に一区切り。任意団体として再出発
4月	陸前高田市と米国クレセントシティが国際姉妹都市締結
4・8	釜石市の市民ホール「TETTO」本格オープン
4・9	種市高の学生寮「白鴎寮」開寮式
4・14	釜石・橋野鉄鉱山内の広場に「宇宙桜」植樹
4・15	大船渡市のFMねまらいん開局5年。特別番組を生放送
4・29	大槌町「風の電話」で初の音楽祭
5・4	岩泉町の龍泉洞まつり2年ぶり開催

誓いをともす

東日本大震災7年

（2018年3月12日付岩手日報1面）

宮古−室蘭の定期フェリー　大船渡中の運動会　釜石港湾口防波堤　釜石・呑ん兵衛横丁　3月11日、宮古・田老駅ホーム

震災2562日
災害FMが役割終える

陸前高田災害FMの閉局特別番組で3・11からの日々を振り返るパーソナリティー金野由美子さん（中央）と菅野陽子さん（右）。周波数80.5メガヘルツ、約6年3カ月にわたり復興情報を発信してきた役割を終えた＝2018年3月16日

復興トピック　大津波の被災看板を移設

15・1メートルの大津波に襲われた陸前高田市のガソリンスタンドが、津波の高さを示した看板をモニュメントとして新店舗に設置した。看板の大きさは5メートル四方で、かさ上げ工事に伴い移設した。店舗には震災資料館も併設し、市民や観光客に津波の脅威を伝え続けている＝2018年8月10日

5・6　外国客船スターレジェンドが宮古港に初寄港

5・15　大槌町と大槌高、震災の経験や教訓を後世につなぐ連携協定を締結

5・20　大船渡中、8年ぶりに校庭で運動会

5・27　大船渡市の浦浜地区緑地広場（愛称・ど根性ポプラ広場）オープン

6・1　宮古港のフェリーターミナルビル完成

6・4　全壊した大槌郵便局、本設店舗で営業開始

6・10　大槌町文化交流センター「おしゃっち」開館

6・13　大槌町が旧役場庁舎内部を報道陣に公開

6・16　震災前年開館の宮古市・浄土ケ浜ビジターセンター、入館者200万人に

　奇跡の一本松などで製作した弦楽器による演奏会、ウィーンで開催

6・17　釜石市の平田仮設団地のお茶っこサロン「ビクトリー」閉所

6・18　大槌町の旧役場庁舎の解体に着手（手続き不備で6月21日中断）

6・22　本県初の定期フェリー就航。第1便が宮古港から室蘭港へ出航

6・28　大船渡市の三陸大船渡さんままつり実行委が解散。31回の歴史に幕

　歌手平原綾香さん、釜石東中で交流

7・3　釜石市・鵜住居地区防災センター訴訟が和解

7・13　田野畑村の明戸浜園地が開園。震災遺構の明戸海岸防潮堤に隣接

7・16　田野畑村・島の越漁港で流失した記念碑を再建

7・20　陸前高田市の大野海岸で、同市内では震災後初となる海開き

　被災した大槌町の東京大・国際沿岸海洋研究センターが移転新築し、記念式典

7・22　大船渡市の吉浜海水浴場、震災後初の海開き

7・26　田野畑村机の海岸が「机浜海水浴場」としてオープン

7・30　宮古市の津軽石磯建網組合、赤前御前堂を再建

7・31　陸前高田市の「津波水位15・1M」の看板撤去。移転した新店舗にモニュメントとして設置（8月10日）

8・1　大槌町、職員ら80人に聞き取り調査した資料の廃棄判明

8・4　「釜石よいさ」が30回目の節目

8・7　陸前高田市「気仙町けんか七夕祭り」、かさ上げ地で初開催

8・19　釜石鵜住居復興スタジアムがオープン

大槌「おしゃっち」

陸前高田・大野海岸

田野畑・机浜海水浴場

釜石よいさ

釜石鵜住居復興スタジアム

震災2706日

かさ上げ地で「けんか七夕」

かさ上げされた今泉地区で行われた伝統の気仙町けんか七夕祭り。男たちが雄たけびを上げ、2台の山車を激しくぶつかり合わせた＝2018年8月7日、陸前高田市気仙町

復興トピック

陸前高田唯一のすし店が店舗再建

仮設商店街で営業していた陸前高田市唯一のすし店「鶴亀鮨」が、かさ上げの新市街地に店舗を再建した。看板は群馬県のなじみ客が揮毫し、カウンターなどの一部木材や座布団も支援を受けた。店主の阿部和明さんは「一日でも長くのれんを出し続ける」と決意を新たにした＝2018年8月24日

2018年

- 8・25　山田町と田野畑村で防潮林の植樹活動始まる
- 大船渡のサンマ、初水揚げは26トン
- 8・26　大船渡市の蛸ノ浦漁港で「初さんまうにアワビ帆立かきホヤわかめ祭」
- 8月　第55回文芸賞に宮古市出身の日上秀之さんの作品「はんぷくするもの」。新人作家の登竜門で、若竹千佐子さん（遠野市出身）に続き本県関係者が2年連続の受賞
- 9・15　山田町で「山田の秋祭り」
- 9・16　普代村・鵜鳥（うのとり）神楽の定期公演始まる
- 9・22　大槌町の「大槌まつり」で震災後初の引き船運航
- 10・1　大船渡市の新市街地に「おおふなと夢横丁」オープン
- 宮古市の中心市街地拠点施設「イーストピアみやこ」オープン
- 10・7　宮古市の第72回田老地区体育大会、8年ぶり従来通り開催
- 10・10　宮古市の花輪中、閉伊川横断橋（仮称）床版に復興願うメッセージ
- 10・18　大船渡市小石浜地区の特産「恋し浜ホタテ」、約半年ぶり出荷再開
- 10・23　陸前高田市竹駒町の「陸前高田未来商店街」が解散式
- 10・25　被災した釜石市・鵜住居観音堂の本尊十一面観音立像、33年ぶり開帳
- 10・27　第87回日本音楽コンクールのピアノ部門で、釜石出身の小井土（こいど）文哉さんが1位。県人11年ぶり
- 11・10　第32回釜石市民劇場、TETTOで初公演
- 11・13　山田線宮古―釜石間に導入する三鉄の新車両搬入
- 11・29　大船渡市の「吉浜のスネカ」など、ユネスコ無形遺産に登録
- 遠野市と宮古市をつなぐ国道340号「立丸峠工区」（約5・2キロ）全線開通
- 12・2　震災で全焼した山田町・山田ハリストス正教会を再建
- 12・6　被災民家を改修した大船渡市の永浜地域仮集会場で解体始まる
- 12・9　宮古市・シネマリーン、ホールとしての本格運用開始
- 12・10　大槌町の吉里吉里学園中学部の校庭で仮設住宅の撤去始まる
- 12・15　釜石市に約1・5キロの「ミッフィーストリート」（愛称）完成

野田の主要地方道開通

山田の町道開通

陸前高田・気仙大橋

イーストピアみやこ

大槌まつりの引き船

震災2820日

「スネカ」無形文化遺産

ユネスコ無形文化遺産に「来訪神　仮面・仮装の神々」として2018年11月29日に登録された「吉浜のスネカ」。毎年1月15日、恐ろしい面をまとったスネカが各世帯を巡り歩き、子どもの健やかな成長を祈る小正月行事として吉浜地区に根付いている＝2016年、大船渡市三陸町吉浜

復興トピック

吉里吉里の大イチョウに別れ

大槌町吉里吉里の吉祥寺にある大イチョウが伐採された。樹齢300年以上、高さ30メートルを超す大木で、町の天然記念物第1号として震災後も地域を見守り続けてきたが、倒木の恐れがあることから苦渋の決断となった。作業前には法要が営まれ、住民らが別れを惜しんだ＝2018年11月25日

三陸沿岸道路の整備着々 122キロの区間が開通

釜石南ー釜石両石（14.6キロ）
2019年3月9日

大槌ー山田南（8キロ） 2019年1月12日

田老岩泉道路（6キロ）と宮古田老道路（一部区間4キロ）
2018年3月21日

2019年

12・17 陸前高田市の国道45号気仙大橋、仮橋から本設橋ルートに切り替え

12・23 山田町の町道細浦・柳沢線（約3・3キロ）開通。浸水域をほとんど通らず消防署や病院から三陸沿岸道路にアクセス

12・25 主要地方道の野田山形線「野田工区」（1・5キロ）開通
宮古市の国道340号「和井内工区」（約4・9キロ）開通

12・31 釜石鵜住居復興スタジアムで初の年越しイベント

1・18 陸前高田市・気仙小を再建。被災した沿岸部の公立67校全て復旧

1・19 大槌町旧役場庁舎の解体開始（3月2日終了）

1・28 三鉄が宮古―釜石間で試運転

2月 宮古市の黒森神楽が東欧公演

2・22 遠野市の仮設住宅団地から最後の一人が転居

3月 釜石市出身の小井土文哉さん、英国際ピアノコンクール1位

大槌町旧庁舎解体　三鉄の試運転＝山田町飯岡　陸前高田・気仙小

「横軸」釜石道が全通

震災 2920日

復興支援道路として釜石と花巻を結ぶ釜石道（80キロ）が全線開通。未開通だった釜石ジャンクションー釜石仙人峠間6キロが完成し、沿岸と内陸を結ぶ横軸がつながった（右は三陸道）＝2019年3月9日、釜石市定内町の釜石ジャンクション

復興トピック

「仮設の歌姫」が千回目のライブ

「仮設の歌姫」の異名を持つ大阪府の歌手奥野ひかるさんが、大船渡市の長洞仮設団地で通算千回目となる仮設住宅ライブを開いた。

奥野さんは2012年2月から県内各地の仮設住宅などで慰問活動を続け、元気な歌声で被災者を励まし続けてきた。この日は元仮設住民ら約40人が集まり、節目のライブを盛り上げた。奥野さんは「仮設を出るまで会いに行くという約束を果たしに来た」と話し、被災者との絆を確かめ合っていた＝2019年3月4日

2019年

3・11 県と久慈市が合同追悼式

3・15 三陸鉄道、新車両8台を連結し一般公開

3・16 県道重茂半島線の熊の平—津軽石間（7・4キロ）が開通
三陸鉄道大槌駅で宮沢賢治の詩碑除幕式

3・17 釜石市でギネス世界記録「二枚貝の貝殻で作られた最大の文章」
陸前高田市で米崎りんご植樹会。県道38号（通称アップルロード）一帯にリンゴ畑景観復活の試み
震災を経験した宮古市・田老三小が閉校式。台風10号豪雨を経験した岩泉町・浅内小も

3・18 山田町中心部に民間交番「やまだ地域安全センター」開所
大船渡市・赤崎中近くの通学路に津波の教訓を伝える記憶石建立
大槌町の旧役場庁舎跡地で緑化整備始まる
大船渡市の水産物販施設「おさかなセンター三陸」閉店

3・21 三陸道の唐桑小原木—陸前高田長部間（3・5キロ）開通。釜石市以南の県内全線つながる

3・23 三陸鉄道リアス線（盛—久慈、163キロ）が運行開始

3・24 釜石市の「いのちをつなぐ未来館」「鵜の郷交流館」開館
三陸鉄道、釜石東中の全校生徒117人がデザインしたラッピング列車を初運行

東日本大震災8年
つなぐ 明日へ
宮古・田老 雨の中、海に黙とう

（2019年3月12日付岩手日報1面）

三陸道唐桑小原木ー陸前高田長部

田老三小の閉校式

ギネス世界記録

大槌駅の賢治詩碑

殉職した消防団員3人に祈りをささげる＝3月11日、山田境田町

震災2934日

三鉄リアス線 南北163キロつなぐ

三陸鉄道リアス線が全線開通した。北リアス線と南リアス線に、休止中のJR山田線宮古ー釜石間を移管し、大船渡市・盛ー久慈間の南北163キロを運行。国内最長の第三セクター鉄道となった。大槌町の大槌駅では郷土芸能の上京鹿子踊（かみよししおどり）が開通を祝った＝2019年3月23日

復興トピック

「高台に逃げろ」通学路に記憶石

大船渡市の赤崎中の通学路に、震災の教訓を後世に伝える「記憶石」が建立された。

高さ180センチの石碑のデザインは3年生の生徒全員の考案で、三角形をあしらって「高台に逃げろ」との意味を込めたという。石碑には「後世につなごう　記憶と絆のバトン」の文言と、助け合いの象徴として手と手をつなぎ合う模様も刻んだ。津波が到達した海抜13メートル地点に建立され、犠牲者数や被害状況、支援団体名も記している＝2019年3月18日

- 3・30 東北ユースオーケストラが盛岡市で県内初の演奏会。岩手、宮城、福島の3県出身の児童生徒と学生107人で編成
  宮古盛岡横断道路・宮古西道路（7・4キロ）のうち、宮古中央―宮古根市間3・4キロ開通
- 3・31 陸前高田、大船渡両市の被災住民見守り組織解散
- 4・6 佐々木朗希投手（大船渡高）が高校最速163キロ
- 4・12 防災集団移転促進事業による造成完了。最後に完成した大槌町赤浜地区で宅地受け渡し始まる
- 4・13 釜石市の魚河岸テラス開館
- 4・16 陸前高田市の高田一中生徒会が「校庭開き」。8年ぶり利用再開へ感謝
- 4・19 大船渡署の港交番と赤崎駐在所の開所式。被災した県内の交番・駐在所全15カ所の整備完了
  岩泉町の小本浜漁協、清水川で3年ぶりサケ稚魚放流会
- 4・21 陸前高田市の清滝神社で10年ぶり式年大祭
- 4・25 三陸鉄道島越駅内に「島越しおかぜ食堂」オープン
  宮古港に米クルーズ船「ダイヤモンド・プリンセス」初寄港
  陸前高田市の閑董院宥健尊師堂で400年祭御開帳
- 4・26 陸前高田市のシンボルロードが全線開通
- 4・27 大船渡市のJR大船渡駅周辺地区の第4期まちびらき。夢海公園も利用開始
  久慈地下水族科学館もぐらんぴあ、アオウミガメ「カメ吉」は雌と発表
- 4・28 大船渡市の細浦地区緑地広場（愛称・シーサイドパーク細浦）でオープニングセレモニー
- 5・3 大船渡市の加茂神社式年大祭（五年祭）で手踊り12年ぶりに復活
- 5・5 宮古港海戦150年の記念事業始まる
- 5・10 洋野町・種市高の実習船「種市丸」の竣工式
- 5・11 陸前高田市の槻沢芸能保存会が初の東京公演
- 5・11、12 大船渡市で囲碁の第74期本因坊戦第1局。同市では50年ぶり。初挑戦の河野臨九段が8連覇を目指す井山裕太本因坊に先勝
- 5・13 三陸鉄道、天竜浜名湖鉄道（静岡県）と交流協定
- 5・16 釜石市のいのちをつなぐ未来館、来館者1万人達成
- 5・18 陸前高田市の高田一中、自校の校庭で9年ぶりに運動会

囲碁の本因坊戦第1局　宮古港海戦150年事業　大船渡の第4期まちびらき　大船渡署・港交番　魚河岸テラス

震災2958日

8年ぶり校庭再開 全員で「鬼ごっこ」

陸前高田市の高田一中の校庭が8年ぶりに利用再開され、生徒会が「校庭開き」を企画した。全校生徒が参加し、校庭全面を使った鬼ごっこで走り回り、グラウンドの感触を確かめていた。校庭に被災地初として建てられた仮設住宅150戸は、2018年秋までにすべて解体された＝2019年4月16日

復興トピック ようこそプリンセス 宮古港に初寄港

米国の大型クルーズ船「ダイヤモンド・プリンセス」（約11万6千トン、乗客定員2706人）が、宮古市の宮古港に初めて寄港した。

高層マンションを思わせる全長約290メートルの船体が港に入ると、鍬ケ崎小の児童が「大漁祝い唄」で出迎え、学生ボランティアが折り鶴を贈って歓迎した。外国人客らは震災遺構のたろう観光ホテルなどを訪れ、震災の教訓を胸に刻んでいた＝2019年4月25日

2019年

5・19 陸前高田市の普門寺に震災犠牲者数とされる1万8430個のつるし飾り「ねがい桜」

6・1 三陸防災復興プロジェクト開幕

6・2 北上フィルハーモニー管弦楽団、釜石市でピアニスト小井土文哉さんと演奏会

6・9 「みちのく潮風トレイル」全線開通

釜石鵜住居復興スタジアムでモザイクアート「ありがとう貝画」の完成除幕式

6・16 釜石鵜住居復興スタジアムに東日本大震災の祈念碑建立

6・22 三陸道の釜石北―大槌（4・8キロ）が開通。宮古市から気仙沼市までの106キロ直結

6・29 日本ラグビー協会会長に元新日鉄釜石の森重隆氏就任

7・1 釜石市の岩手大総合教育研究棟（水産系）が完成し記念式典

7・13 大船渡市三陸町越喜来崎浜地区の若手漁師有志が崎浜ツアーを初企画（14日まで）

釜石市でオペラ「四次元の賢治―完結編―」上演

宮古市でいわて絆まつりｉｎ宮古2019始まる

7・14 大船渡全国ちんどんまつり最後の開催

7・16 釜石署の新庁舎完成。沿岸運転免許センター、県警交通機動隊沿岸分駐隊も新庁舎で業務開始。

被災した本県警察施設の再建すべて完了

7・20 宮古市の女遊戸（おなっぺ）と真崎海岸・小港、釜石市の根浜海岸、大船渡市の綾里の4海水浴場が震災後初の海開き

ラグビーのNZ代表元主将リッチー・マコウさん、釜石市で子どもたちを指導

7・21 大船渡高の佐々木朗希投手、高校公式戦最速タイの球速160キロをマーク

7・27 釜石鵜住居復興スタジアムでラグビー日本代表対フィジー代表

7・30 久慈市漁協、海面養殖試験で育てたギンザケを久慈港に初めて水揚げ

7・31 佐渡裕さんとスーパーキッズ・オーケストラ、大船渡市を皮切りに沿岸部巡るコンサート

8・5 大槌町が震災記録誌を発刊。町職員39人が犠牲になった状況や対応をまとめる

8・6 久慈市総合防災公園が全面開園

8・7 三陸防災復興プロジェクトが閉幕。音楽家の坂本龍一さんらが陸前高田市でコンサート

8・8 釜石市の根浜海岸観光施設がオープン

ーパーキッズ・オーケストラ　ラグビー日本代表戦　釜石署新庁舎　いわて絆まつりin宮古　大船渡・崎浜ツアー

震災2991日

1万8430個 追悼の「ねがい桜」

東日本大震災の犠牲者数とされる1万8430個のつるし飾り「ねがい桜」が、陸前高田市の普門寺に奉納された。地元商工会女性部が企画し、本堂に高さ約4メートル、直径約2メートルの大がかりなつるし飾りを完成させた。読経と焼香で犠牲者を悼み、地元のコーラスグループが鎮魂の歌声を響かせた。4月24日付で、つるし飾り数のギネス世界記録に登録された＝2019年5月19日

復興トピック

ちんどんまつり 復興願い最後の舞台

被災した大船渡市を盛り上げようと、2013年に始まった「復興・大船渡全国ちんどんまつり」が幕を下ろした。

同市日頃市町のチンドン寺町一座（鈴木正利座長）の発案に全国の団体が応え、出演団体が毎年陽気なステージを繰り広げてきた。7回目の「最終回」はプロ・アマ19団体が出演し、軽妙な音色と明るいパフォーマンスを披露、会場は笑いに包まれた。鈴木座長は「感謝の気持ちでいっぱい」と目を細めていた＝2019年7月14日

8・12 岩泉町・楽天イーグルス岩泉球場でプロ野球イースタン・リーグの楽天—巨人戦。2016年台風10号豪雨で被災し、修復を終える

8・14 大船渡市末崎町の町内地域対抗野球大会（通称・盆野球）が9年ぶりに復活

100回目を迎えた大船渡市三陸町綾里の綾里夏祭り始まる

8・15 陸前高田市の小友町只出地区、広田町長洞地区で9年ぶり盆踊り大会

8・19 48年前の宮古市役所定礎式で埋めたタイムカプセルを掘り起こす

8・26 三陸鉄道、開業からの累計利用者5千万人突破

8・27 大船渡のサンマ、今季初水揚げは23トン

8・30 岩泉町で台風10号豪雨の追悼慰霊式。町主催としては最後の実施

8月 陸前高田の「気仙茶」初の販売。「守る会」が手摘みで収穫

9・1 大船渡ポートサイドマラソン大会、30回の節目で歴史に幕

9・8 サンマ不漁の宮古市、第24回目黒のさんま祭りは冷凍物7千匹を提供

9・11 釜石市鵜住居町の商業施設「うのポート」オープン

9・14 野田村のマリンローズパーク野田玉川が入館者数30万人達成

9・22 陸前高田市に東日本大震災津波伝承館「いわてTSUNAMIメモリアル」と国営追悼・祈念施設オープン

9・23 宮古市の黒森神社境内に神楽堂完成

三陸・大船渡東京タワーさんままつりで、大船渡産サンマ3333匹提供

9・24 秋篠宮ご夫妻、皇嗣初の来県。釜石市・釜石祈りのパークなどを視察

9・25 釜石鵜住居復興スタジアムでラグビーW杯フィジー対ウルグアイ

9・28 大船渡市で気仙空想文化祭初開催（29日まで）

9・29 大槌町・吉里吉里学園中学部の校庭から仮設住宅撤去。廃校などを除く沿岸7市町村28校の校庭にあった仮設住宅すべて解消

釜石市の世界遺産「橋野鉄鉱山」のインフォメーションセンターが入館10万人

9・30 遠野市の仮設住宅団地・希望の郷「絆」のサポートセンター閉鎖

大船渡ポートサイドマラソン大会

東日本大震災津波伝承館

東京タワーさんままつり

ラグビーW杯フィジー対ウルグアイ

希望の郷「絆」サポートセンター

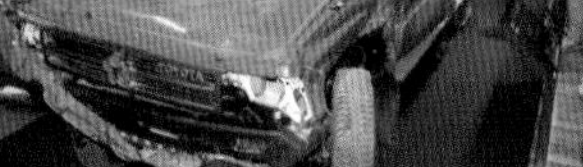

震災 3124日

校庭の仮設解消 笑顔で初めの一歩

大槌町の吉里吉里学園中学部の校庭から仮設住宅80戸の撤去が完了。生徒全員で声をそろえてグラウンドに足を踏み入れ、校庭で運動ができる喜びに浸った。廃校を除く県内7市町村28校に建設され、被災者の生活基盤を支えた仮設住宅はすべて解消された＝2019年9月29日

復興トピック

風物詩の「盆野球」9年ぶり一投一打

大船渡市末崎町で通称「盆野球」として親しまれていた町内地域対抗野球大会が9年ぶりに復活した。

行政区単位で12チームが参加し、トーナメント方式で対戦。住民と帰省者が一投一打を通じて交流を深めた。地元の市営球場から仮設住宅が撤去されたことで復活が実現した。参加者らは仲間の好プレーに大きな声援を送り、野球ができる喜びをかみしめていた＝2019年8月14日

2019年

10・2 宮古市魚市場にサンマ初水揚げ。県に記録が残る1994年以降で最も遅い

10・13 台風19号、県内に大きな爪痕。釜石鵜住居復興スタジアムでのラグビーW杯ナミビア対カナダが中止。三陸鉄道は区間運休相次ぐ

10・15 北海道室蘭市、宮古市田老の樫内地区で給水支援。フェリー就航を機に締結した災害時の相互協力応援協定に基づく対応の第1号

10・17 大船渡高の佐々木朗希投手、ロッテが1位指名。プロ野球ドラフト会議、4球団が競合

10・20 釜石まつりで尾崎神社の巨大みこし「六角型大みこし」9年ぶり復活

10・31 大槌町赤浜に災害公営住宅が完成。本県沿岸部5550戸の整備完了

11・3 山田町・大沢小、統合を前に全校表現劇「海よ光れ」を地域住民に披露

ワールドラグビーの年間表彰で、釜石市が「キャラクター（品格）賞」を受賞

11・23 陸前高田「ハナミズキのみち」の会、高台へ続く「シンボルロード」にハナミズキ植樹

12・22 大槌町のジャズ喫茶復活

三陸鉄道大槌駅前のテナント飲食施設「三陸屋台村おおつち〇〇横丁」オープン

12・24 J1神戸、釜石市出身のDF菊池流帆選手（J2山口）の加入を発表

12・25 日本ジオパーク委員会、本県沿岸を中心に構成する三陸ジオパークを再認定

12・29 海藻アカモクを使ったクッキー「MIYABLANC（ミヤブラン）」発売。宮古市の菓子店西野屋と岩手アカモク生産協同組合が開発

2020年

1月 大船渡市のプレハブ仮設住宅1811戸の撤去完了。宮古市以南で初めて

1・14 津波で全壊した釜石市の鵜住居郵便局、再建した本設店舗で業務開始

1・17 陸前高田市・東日本大震災津波伝承館の来館者10万人

1・18 津波で全壊した大槌町の中央公民館赤浜分館（赤浜公民館）を再建

宮古市の「津波遺構たろう観光ホテル」で新設エレベーター稼働

1・22 日本港湾協会のポート・オブ・ザ・イヤー2019に釜石港を選出。東京で表彰式

大槌町「赤浜公民館」　ハナミズキ植樹　六角型大みこし　室蘭市の給水支援　宮古のサンマ初水揚げ

震災 3208日

父の遺志継ぐ ジャズ喫茶復活

県内で一番古い1964年開店で、被災した大槌町のジャズ喫茶「クイーン」が12月22日に復活。本県のジャズ文化を育んだ佐々木賢一さんが2018年8月に他界し、長女多恵子さんが遺志を継いだ。津波で店舗と1万枚を超えるレコードを流失したが、「まちの音楽室」として新たな一歩を踏み出した

「海よ光れ」永遠に 最後の全校劇熱演

統合される山田町の大沢小が、最後となる全校表現劇「海よ光れ」を披露。地域住民に大きな感動を与え、32年間受け継いできた伝統のステージを終えた。

本格的な衣装を身につけ、漁に励む人や昔の子どもたちを熱演。低学年は体を使って波を表現し、高学年は事前に地域の人たちに「取材」したりして準備を進めた。6年生の田村韻（ひびき）君は「なくなると思うと寂しいけれど、海の大切さを感じてほしいと思い演じた」と振り返った＝2019年11月3日

復興トピック 映画「風の電話」ベルリン特別表彰

震災遺族らが語りかける場として3万人以上が訪れた大槌町吉里々々の「風の電話」が映画化された。白い電話ボックスはガーデンデザイナーの佐々木格（いたる）さんが設置し、回線がつながっていない黒電話と、故人への思いをつづるノートがある。

監督は諏訪敦彦（のぶひろ）さん、主人公ハル役はモデル・女優のモトーラ世理奈さんが務めた。映画は第70回ベルリン国際映画祭で、主に10代の若者向け作品が対象となる「ジェネレーション14プラス」部門で国際審査員特別表彰を受賞した。

映画化が決まり、電話ボックスの前で思いが全国に届くことを願う佐々木格さん＝2019年4月

復興トピック かあちゃんの味 12年間ありがとう

陸前高田市横田町・川の駅よこたの「かあちゃん食堂せせらぎ」が12年余の営業を終えた。震災直後は炊き出しを行い、震災発生から2週間後には店舗を再開してボランティアらを支えた。

すいとん付きの定食やラーメンが人気で、近年は5人で切り盛りしてきたが、スタッフの高齢化で閉店を決断した。最終日は地元の人や常連客が開店前から列をつくり、閉店を惜しんでいた＝2020年1月31日

1・24 映画「風の電話」全国公開
宮古工高の機械科津波模型班、磯鶏小で宮古工として最後の実演会
第13回インターナショナル・サケ・チャレンジで、浜千鳥（釜石市）が純米吟醸の部で最優秀賞のトロフィー賞を獲得。東京で表彰式
1・31 陸前高田市・川の駅よこたの「かあちゃん食堂せせらぎ」閉店
2・8 久慈市侍浜町の来訪神行事「あんもっこ」、数十年ぶりに復活
2・11 大船渡市・越喜来中の運動会の伝統競技「ヘビの皮むき」、1日限定で復活
2・17 陸前高田市民文化会館の愛称は「奇跡の一本松ホール」に決定
2・19 ピアニスト小井土文哉さん、母校の釜石小と釜石中で演奏会。バイオリニスト諏訪内晶子さんと
2・22 大槌町・柾内地区集会所の落成式
2・28 大槌町、新型コロナウイルス感染拡大で東日本大震災の追悼式延期決定。県内の沿岸被災地で初
2・28 第70回ベルリン国際映画祭で「風の電話」に国際審査員特別表彰
3・1 三陸道の久慈北―侍浜間（7・4㌔）が開通
3・4 流失した大槌町・吉里吉里漁港の灯台が点灯
3・6 久慈市などがロケ地の映画「星屑の町」全国公開
3・7 釜石祈りのパークにある震災犠牲者の芳名板、五十音順から家族単位の配置に変更。1001人の金属プレートを並べ替え
大船渡市で東日本大震災伝承イベント「かたりつぎ～朗読と音楽の集い～」

大槌・柾内地区集会所

小井土さん母校で演奏

久慈「あんもっこ」

震災3281日 浜を守る明かり 9年ぶりついた

被災した大槌町・吉里吉里漁港の灯台が9年ぶりに復旧し、県内で被災した灯台50基はすべて復活した。再建された灯台は高さ8.6㍍あり、自動センサーで点灯するLEDの光は約9㌔先まで届くという＝2020年3月4日

2020年

3・11 県と釜石市が合同追悼式。新型コロナ感染症対策で135人に縮小

釜石市の根浜海岸近くの海上から鎮魂の花火「白菊」打ち上げ

3・14 三陸鉄道、台風19号被害で運休していた普代―久慈間の運行再開

大槌町の大槌学園と吉里吉里学園中学部が卒業式。小中一貫校の9年生は震災直後に入学した世代

山田町・豊間根中で最後の卒業式と閉校式

3・18 宮古市―北海道室蘭市の定期フェリー約1カ月ぶりに再開、宮古港に入港

3・20 大船渡市の盛川に架かる川口橋、震災後の架け替え工事終了。新たな橋が開通

三陸鉄道、5カ月ぶりに全線で運行再開。台風19号被害で最後まで不通だった釜石―陸中山田が復旧

大船渡市の日頃市中、越喜来中、吉浜中がいずれも73年の校史に幕。トップを切って日頃市中で閉校式

3・21 大船渡市・越喜来中で閉校式

3・22 東京五輪の聖火を展示する「復興の火」スタート。三陸鉄道とJR東日本の「SL銀河」が聖火を運び、沿岸部から内陸部を巡回

大船渡市・吉浜中で閉校式

未来へ 心一つに

東日本大震災9年

（2020年3月12日付岩手日報1面）

吉浜中閉校　越喜来中閉校　日頃市中閉校　豊間根中卒業式　県と釜石市の合同追悼式＝3月11日

震災3291日

大槌学園9年生 笑顔と涙の門出

大槌町の小中一貫校・大槌学園で卒業式が行われた。震災直後で通常の卒園式や入学式ができなかった9年生67人にとって、初めての門出の式典。新型コロナウイルス感染症の影響で祝辞などは省略されたが、卒業生たちは涙まじりの笑顔で合唱「群青」を披露した＝2020年3月14日

復興トピック

きょうもあります 名物うに弁当

台風19号被害で運休していた三陸鉄道の普代―久慈間が復旧し、久慈駅構内の食堂「三陸リアス亭」に多くの客が訪れた。店を30年以上切り盛りする工藤クニエさん(80)は「にぎやかになりそうだね」と、運行再開を喜んだ。

名物のうに弁当は昼前には売り切れる。運行再開の日も、いつも通り午前7時にシャッターを開けた。工藤さんは「久慈にたくさんの人が来てほしいね」とほほ笑んだ＝2020年3月14日

3・27 大船渡市、県内トップを切って桜の開花宣言。1996年の観測開始以降最速の3月30日（2018年）を更新

3・29 国道45号沿いにある「磯ラーメン発祥の店」をうたう大槌町「きりきり善兵衛」本店が閉店

3・30 宮古盛岡横断道路のうち、宮古市の下川井地区（古田トンネル）＝延長約2キロ＝が開通

3・31 宮古市と北海道室蘭市を結ぶ定期フェリー航路の運航休止

3月 住田町の仮設団地の広報「ひなも新聞」終了。火石、中上、本町の3団地に2012年1月から89号発行

4・1 釜石市が東部地区に整備を進めてきた避難路（通称・グリーンベルト）が完成、通行可能に。標高8～12メートルで港湾利用者らが市街地の高台に安全かつ最短で避難できる

4・6 山田町の大沢、山田北、山田南、折笠、轟木、大浦の6校を統合した山田小が開校宣言式

第一中、越喜来、吉浜、日頃市の4校を統合した大船渡市・第一中が始業式

4・7 岩泉町の門、小川の2小学校を統合した、新設「小川小」で開校式

4・9 宮古工と宮古商を統合した宮古商工高が入学式

4・11 陸前高田市民文化会館「奇跡の一本松ホール」開館。震災で全壊した市民会館と中央公民館の複合施設として、市中心部のかさ上げ地に再建

4・13 山田町の全小中学校で給食の提供開始

4・15 東京電力福島第1原発事故の影響で出荷制限を受けているニホンジカの肉について、釜石市と大槌町の制限解除

4・22 第14回全日本広告連盟の鈴木三郎助地域キャンペーン大賞に本県の「#Thank You From KAMAISHI」

4・24 宮古市、海面養殖したトラウトサーモン500匹を初出荷。ブランド名称は「宮古トラウトサーモン」

4・26 全国高体連、新型コロナウイルス感染症拡大を受け、インターハイ中止を決定。釜石市でボクシングを予定

4・29 ラグビーの釜石シーウェイブスRFC、2021年秋開幕予定の新リーグに参入意思、日本ラグビー協会に伝える

5・9 大船渡市の旧甫嶺小跡地を活用した自転車競技BMXの屋外コースがプレオープン。国際レースを行う基準を満たしたコースは東北・北海道で初

大船渡・BMX屋外コース　宮古商工高の入学式　大船渡・第一中　釜石・東部地区の避難路　史上最速の桜開花

震災 3319日

「一本松ホール」芸術文化の新拠点

陸前高田市の市民文化会館「奇跡の一本松ホール」が4月11日、オープンした。津波で全壊した市民会館と中央公民館の複合施設として、かさ上げ地に再建された。芸術・文化の新拠点は640席を備え、ホールの床の一部には気仙杉を使っている

復興トピック

「宮古サーモン」期待乗せて初出荷

宮古湾で海面養殖したトラウトサーモンが宮古市魚市場に初出荷された。500匹が競りにかけられ、1キロ当たり600円台から千円台の高値がついた。

養殖は宮古市と宮古漁協などが連携して2019年11月に開始。いけす2基で育てた稚魚は体重約4キロに成長した。ブランド名称は「宮古トラウトサーモン」に決まり、サケやサンマの水揚げ不振が続く中、関係者らは新たな特産品化への期待を膨らませていた＝2020年4月24日

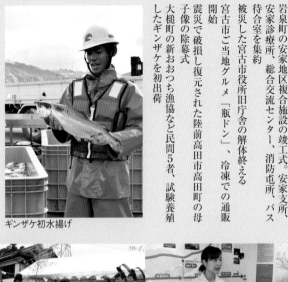

5・15 宮古市の田老総合事務所の閉所式。震災直後から住民らが身を寄せ、不明者捜索の拠点にもなった

5・18 大槌町の食肉加工業MOMIJI、県内唯一の鹿肉加工工場稼働

5・27 三陸鉄道の新駅「新田老」が開業。一体的に整備した田老総合事務所も開所

岩泉町の安家地区複合施設の竣工式。安家支所、安家診療所、総合交流センター、消防屯所、バス待合室を集約

6月 被災した宮古市役所旧庁舎の解体終える

6・1 宮古市ご当地グルメ「瓶ドン」、冷凍での通販開始

6・5 震災で破損し復元された陸前高田市高田町の母子像の除幕式

6・15 大槌町の新おおつち漁協など民間5者、試験養殖したギンザケを初出荷

ギンザケ初水揚げ

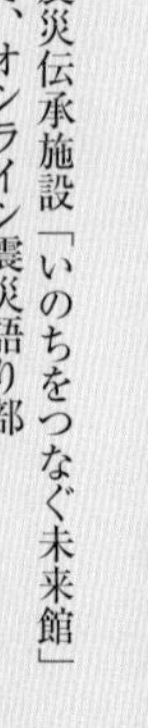

釜石市の震災伝承施設「いのちをつなぐ未来館」と宝来館で、オンライン震災語り部

6・24 大船渡市の加茂神社でチリ地震津波60年の慰霊祭

6・25 陸前高田市の華蔵寺で「宝珠マツ」の後継樹を植樹

6・28 久慈市のあまちゃんハウス閉館。展示物は久慈駅前の新施設へ

釜石市・平田公園野球場の利用再開

7・3 釜石市鵜住居町の常楽寺に設置していた市追悼施設の解体式。別の追悼施設の完成で

宮古商工高機械科津波模型班、宮古小で津波実演会。4月に宮古商高と統合してから初

7・4 大槌、釜石、大船渡の高校生22人、大槌町で交流会。地域活動や復興、防災で

7・5 図書館を核にした久慈市の情報交流センター「YOMUNOSU」、久慈駅隣に開館

慈「YOMUNOSU」　「宝珠マツ」後継樹　チリ地震津波慰霊祭　オンライン語り部　旧田老総合事務所

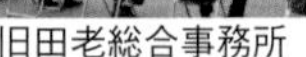

震災3402日

鵜住居の追悼施設 役割を終え解体

釜石市鵜住居町の常楽寺に設置されていた市追悼施設が解体されることになり、遺族らが参加して解体式を行った。鵜住居地区防災センターの犠牲者を追悼する新施設「釜石祈りのパーク」が整備されたためで、訪れた人が思いをつづったノートは「いのちをつなぐ未来館」に移した＝2020年7月3日

復興トピック

「ずっと見守って」被災の母子像を修復

津波で破損した陸前高田市の母子像が修復され、奇跡の一本松ホール前で除幕式が行われた。

母子像は長崎平和祈念像を手掛けた故北村西望（せいぼう）さんが制作し、旧市民会館前に1980年に建立された。震災後、頭部が流失し、背中に穴が開いた状態で見つかり、市内の女性団体が中心となって台座とともに修復した＝2020年6月5日

7・5	宮古市の黒森神社でご神体を本殿に戻す「本遷座祭」。本殿の修復工事に伴い
7・6	陸前高田市の国保広田診療所と二又診療所、オンライン診療を導入
7・12	宮古盛岡横断道路の宮古港―宮古中央間（4キロ）と、三陸道の宮古中央―田老真崎海岸間（17キロ）が同時開通
7・15	台風19号豪雨で被災した山田町・鯨と海の科学館が一部開館
7・20	大船渡市のサン・アンドレス公園がプレオープン。震災で大半の設備が流失・破損
7・24	復興工事で取り壊された陸前高田市気仙町の愛宕神社、高台造成地に再建し10年ぶり例祭
7・28	陸前高田市・要谷漁港海岸の防潮堤や陸閘（りっこう）など復旧。自動閉鎖システム導入
8・1	山田湾のオランダ島海水浴場で震災後初の海開き。新型コロナウイルス感染症で町民に限定
8・7	陸前高田市の気仙町けんか七夕祭り、新型コロナで中止。保存連合会が代替行事
	津波で浸水し、高台に整備した陸前高田市の県道大船渡広田陸前高田線久保―泊区間（約2・5キロ）が開通。震災後に整備を進めた広田半島の4区間すべて利用開始
8・8	陸前高田市の高田松原運動公園が完成し、現地で式典
8・11	被災地で一斉に花火を上げるライトアップニッポン。2011年に始まり10回目
8・13	田野畑村羅賀漁港で観光客向けのサッパ船運航スタート
8・19	釜石市・根浜海岸の砂浜再生工事が完了
	津波に耐えた大船渡市の復元千石船「気仙丸」、陸上展示に向けた修復始まる
8・20	大槌町、津波で民宿に乗り上げた観光船はまゆりの復元断念。寄付募るも必要額に及ばず
	大船渡市の盛川河川敷で供養花火打ち上げ。旧盆行事の盛川灯ろう流し中止で地元企業が企画
8・24	陸前高田市気仙町の国道45号一部区間、開通を前に避難路として利用開始
	陸前高田市・高田高に1988年夏の甲子園出場記念碑戻る
8・29	JR釜石線全線開業70周年を記念したラッピング列車運行。釜石、花巻両市にゆかりのある芸術家小林覚さんがデザイン
	大船渡のサンマ、初水揚げ4トン。大船渡魚市場に記録が残る2001年以降で最少
8・30	宮古市で大津波警報発令を想定した総合防災訓練。22カ所の水門、樋門（ひもん）と陸閘を自動閉鎖

宮古市総合防災訓練

高田松原運動公園

けんか七夕代替行事

オランダ島海開き

鯨と海の科学館

震災3411日

宮古2区間が開通 復興の道交わる

宮古盛岡横断道路の宮古港ー宮古中央間（4キロ）と、三陸道の宮古中央ー田老真崎海岸間（17キロ）の2区間が2020年7月12日、同時に開通した。横断道東端の宮古港ICから短時間で三陸道に乗れるようになり、「縦軸」と「横軸」のつながりは復興へ大きな弾みとなった

復興トピック

故阿久悠さん詩碑 高田高新校舎に移設

陸前高田市の高田高が1988年夏の甲子園に出場した際、作詞家の阿久悠さん（2007年死去）が「きみたちは甲子園に一イニングの貸しがある」とよんだ詩を刻んだ記念碑が2020年8月24日、新校舎に移設された。

津波で旧校舎は全壊したが、記念碑と台座はほぼ無事だった。震災後は仮校舎の大船渡東高萱中（かやなか）校舎に保管されたままだった。最終回を残したまま甲子園を去った無念さに寄り添った詩碑を前に、OBや選手らは「もう一度甲子園へ」との思いを新たにしていた。

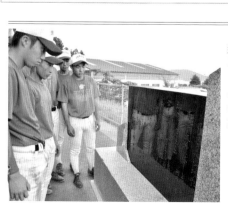

2020年

- 9・1 津波被災跡地（移転元地）を活用したイチゴ栽培を手掛ける陸前高田市のリアスターファーム、大船渡市三陸町越喜来の生産施設で初収穫
- 釜石港公共埠頭に国内海上物流の主軸を担うRORO（ローロー）船が試験寄港
- 9・5 大槌町の吉里吉里学園中学部、10年ぶり校庭で運動会
- 9・17 大船渡市に本県沿岸部初のボルダリング施設オープン
- 陸前高田市の震災遺構の旧気仙中校舎で「思い出の品」を探す作業
- 9・26 釜石鵜住居復興スタジアム隣接地に「釜石ラグビー神社」建立
- 10・1 久慈市、山根市民センターに映画「星屑の町」思い出館を開館
- 10・3 大槌町吉里吉里で住民有志による花火大会。秋田県大仙市の花火約500発が夜空彩る
- 10・4 最後の「ゆるキャラグランプリ」投票、陸前高田市の「たかたのゆめちゃん」が栄冠
- 10・10 釜石鵜住居復興スタジアムでラグビーW杯日本大会1周年記念試合。釜石シーウェイブスRFCとクボタが対戦
- 大船渡市の旧甫嶺小校舎を改修した甫嶺復興交流推進センター完成。BMXやスケートボードができる室内パークも
- 宮古市魚市場にサンマ初水揚げ。過去最も遅い水揚げに
- 10・18 陸前高田市の楽天イーグルス奇跡の一本松球場で、往年のプロ野球選手との交流イベント
- 10・30 大槌高の復興研究会メンバー5人、大槌学園で震災の体験を基に作った紙芝居を披露
- 10・31 陸前高田市の高田松原運動公園で初の三陸花火大会
- 11・3 宮古市の鍬ケ崎地区で「鍬ケ崎元気市」
- 11・5 陸前高田市の「桜ライン311」植樹、約9カ月ぶりに再開
- 11・6 宮古市津軽石と山田町大沢をつなぐ県道重茂半島線の石浜工区（0・75㌔）開通
- 11・14 大船渡にサンマ713㌧水揚げ。1日の水揚げ量としては震災後最多
- 11・20 大船渡市の「みなと公園」利用開始

夏イチゴ収穫

RORO船

ラグビー神社

たかたのゆめちゃん

桜ライン311植樹

震災 3478日

被災校舎に眠る思い出の品探し

陸前高田市の震災遺構の旧気仙中校舎で、「思い出の品」を探す作業が行われた。ほぼ震災当時のままの現場には、名前入りのノートや教科書、アルバムなどが散乱。三陸アーカイブ減災センターのスタッフらが約20点を一つ一つ調べ、室内の様子をカメラに収めた＝2020年9月17日

復興トピック　9年前の体験　自作紙芝居で伝える

震災時、小学生だった大槌高の生徒たちが、自分の体験を手作りの紙芝居にまとめ、地元の中学生に披露した。

震災伝承の意識を持ってもらおうと、復興研究会のメンバーが企画。大槌学園7年生約70人に自作の紙芝居を読み聞かせた。小学2年生で震災を体験した佐々木結菜さんが、津波の光景や避難所生活で感じたことを伝えた。「当時の記憶が薄れている子に、海の方に戻らない行動を取ってほしい」と願っていた＝2020年10月30日

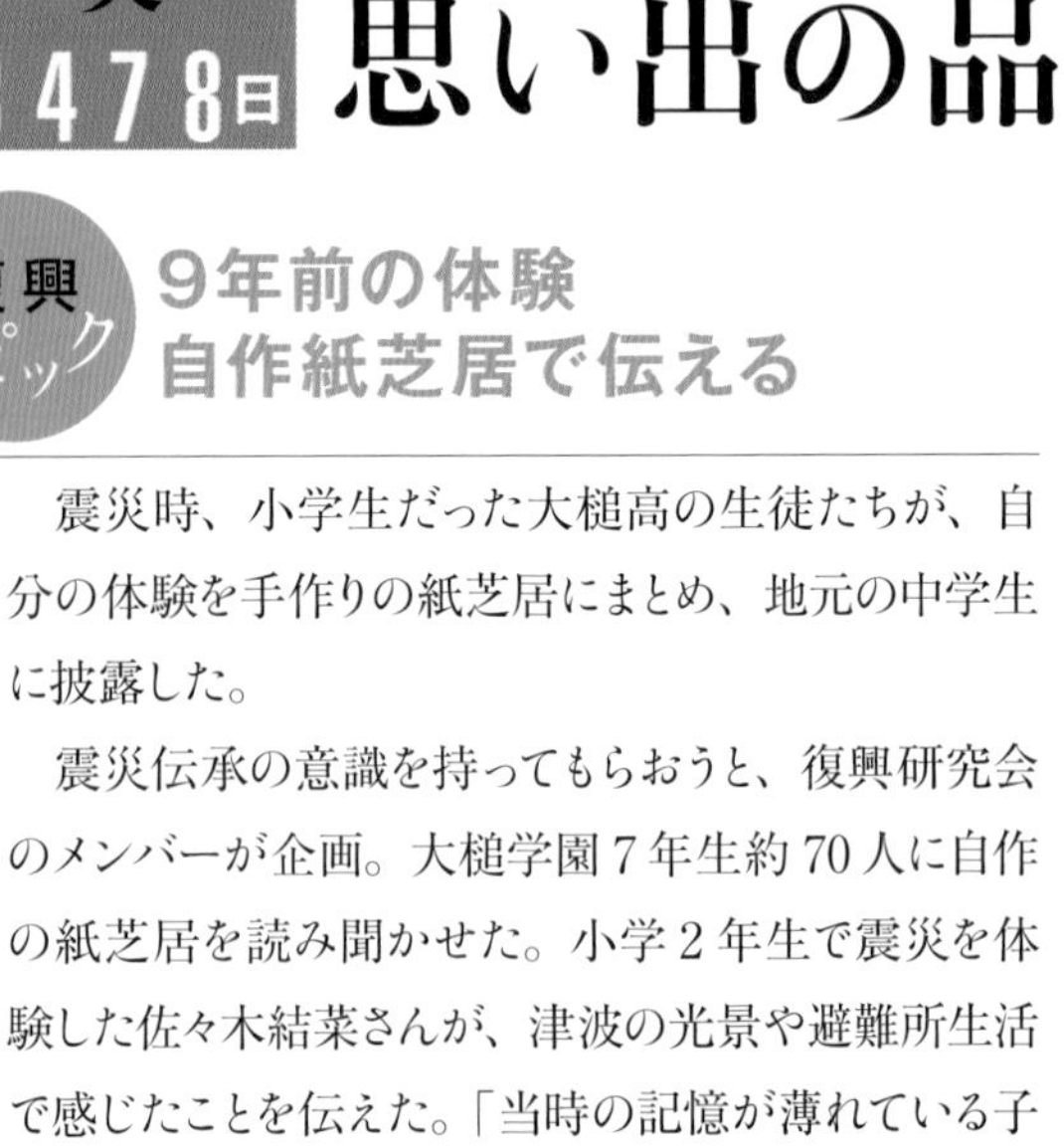

11・20 釜石市唐丹町の屋形遺跡、国史跡指定を答申

11・22 大槌町の大槌稲荷神社が本殿遷座祭。屋根ふき替えを終えた本殿にご神体を戻す

11・27 山田町の山田高、復興・防災学習「碑の記憶・復活の記憶」の発表会

11・28 大槌町教委、文化財レスキュー事業で修復された前川家文書および関係資料群（965点）を町有形文化財に指定

11・29 陸前高田全国太鼓フェスティバル、オンライン開催の収録

12・5 宮古盛岡横断道路の区界道路（8㌔）開通

12・7 盛岡市に県整備の災害公営住宅「南青山アパート」（99戸）完成。本県5833戸をはじめ、宮城、福島などで計画された全2万9654戸の整備完了

12・10 岩泉町・小本中の体育館外壁に郷土芸能「中野七頭舞」のモザイクアート

12・12 再建中の陸前高田市立博物館に、修復終えたツチクジラのはく製「つっちぃ」搬入

12・12 三陸道の洋野種市―階上間（7㌔）開通

12・13 復興支援道路の国道340号押角峠工区（宮古市―岩泉町）が開通。押角トンネル（3094㍍）完成で難所解消

12・16 陸前高田市の姉歯橋9年9カ月ぶり開通。気仙町今泉地区から高田町の中心市街地に最短でつながる生活道路

12・17 陸前高田市気仙町今泉地区のかさ上げ地に商業施設「陸前高田発酵パークCAMOCY」オープン

12・19 三陸道の田野畑北―普代間（8㌔）開通

12・22 洋野町種市の復興関連道路、県道明戸八木線の小田の沢工区（0・72㌔）開通

2021年

1・11 宮古市のみやこ浄土ケ浜遊覧船が最終運航

1・15 大船渡市三陸町吉浜で小正月行事「スネカ」。家の中には入らず、「新しい様式」で開催

1・22 宮古商工高機械科津波模型班、鍬ケ崎小で通算200回目の実演会。旧宮古工高時代の2005年から出前授業

1・23 宮古市の県道重茂半島線の全7工区（15・2㌔）の完工式

1・25 観光船はまゆりが乗り上げた大槌町赤浜の旧民宿の解体工事が始まる

2・10 陸前高田のジャズ喫茶「ジャズタイムジョニー」、プレハブ仮設での営業に幕。高田町の中心部に本設再建へ

200回目の津波実演　姉歯橋とCAMOCY　ツチクジラのはく製「つっちぃ」　災害公営住宅・南青山アパート　区界道路

震災3608日

猛威伝える旧民宿解体工事始まる

津波で観光船はまゆりが乗り上げ、震災遺構として保存を目指していた大槌町赤浜の旧民宿の解体が始まった。はまゆりは造船所での検査中に津波に遭い、高さ約10㍍の屋根に取り残された光景が、自然の猛威を示す象徴として注目された。はまゆり復元と合わせた保存に向けて町は寄付を募ったが、必要額に届かず断念していた＝2021年1月25日

復興トピック

浄土ケ浜遊覧船58年間お疲れさま

宮古市を代表する観光だった「みやこ浄土ケ浜遊覧船」が運航を終了した。1962年に開業し、震災後は第16陸中丸（109㌧）1隻で運行。船体の老朽化や利用客の減少が響き、運営する県北バスが存続を断念した。

約130人を乗せた最終便は、白波を立てながら40分のラストランを終えた。帰りの航路ではマリンガイドらが「上を向いて歩こう」の替え歌を披露する一幕も。最後は運行終了を告げる汽笛を鳴らし、58年の歴史に幕を下ろした＝2021年1月11日

奇跡の一本松 陸前高田市

復興のまち見守り続ける

震災前の陸前高田市の高田松原は、日本百景の一つとして多くの観光客でにぎわった白砂青松の名勝地だった。松原は350年ほど前の江戸時代から菅野杢之助や松坂新右衛門らが植林したのが始まりで、約7万本とされる松が長さ約2キロにわたって美しい景観をつくっていた。

津波は高さ5・5メートルの防潮堤を乗り越えて松林をなぎ倒し、松林の中にあったユースホステルの建物を無残な形に変えた。

津波に耐えて唯一残った松は「奇跡の一本松」と呼ばれ、復興のシンボルとなった。高さ約27メートル、直径約80センチ、樹齢260年以上。地上10メートル付近まで津波をかぶったため、陸前高田市は全国からの寄付でモニュメントとして保存することを決断。幹は内部をくりぬいて防腐処理を施し、上部の枝や葉はレプリカで復元するなどして2013年6月3日に完成。復興が進むまちを見守っている。

再建された防潮堤は高さ12・5メートル、全長約2キロ。眼下に広がる砂浜には松の苗木約3万本が育つ。一部は高田松原にあった松の種子などから育てた幼木で、名勝復活に向けて枝葉を広げ始めている。

植樹や苗の育成に尽力するNPO法人高田松原を守る会の鈴木善久理事長(75)は「一本松は、地震があったら津波が来るという教訓を伝えるかのように奇跡的に残った。再生していく松原をずっと見守ってほしい」と願う。

(2020年3月11日掲載)

全国から訪れる人が絶えない「奇跡の一本松」。手前の建物は陸前高田ユースホステル。奥に見えるのが「いわてTSUNAMIメモリアル」＝小型無人機で撮影

奇跡の一本松・陸前高田ユースホステル

N
アバッセたかた
141
陸前高田市
三陸道
気仙川
45
奇跡の一本松・陸前高田ユースホステル
広田湾
津波浸水エリア
明治三陸大津波
昭和三陸大津波
チリ地震津波
東日本大震災
※浸水範囲は概略。国土交通省の資料を基に作成

【陸前高田市気仙町】

陸前高田市気仙町は、何度も津波の被害を受けてきた。県昭和震災誌などによると、1896(明治29)年の三陸大津波では旧気仙町で14人が死亡。住家の流失、全壊も35戸に上った。高田松原はアカマツが多数枯死したがクロマツが生き残り、その後の植林はクロマツが使われるようになった。

1933(昭和8)年の三陸大津波では死者32人、住家50戸が流失、倒壊。1960(昭和35)年のチリ地震津波では市内で死者7人、行

方不明者1人、全壊住家71戸の被害が出た。

過去の文献には、高田松原が津波のたびに防潮林の役割を果たし、中心市街地を守ってきたと記されている。しかし、東日本大震災では高田松原の松の大半が流失し、気仙町では死者、行方不明者260人、850世帯が全壊する大きな被害が出た。

2011年午後3時30分ごろ、陸前高田市気仙町の泉増寺（せんぞうじ）から撮影した大津波。第一波に耐えた「奇跡の一本松」が写っている

茶茶丸パーク時計塔 大船渡市

街が消えた午後3時25分

津波が到達した「午後3時25分」で針を止めたままの茶茶丸パーク時計塔

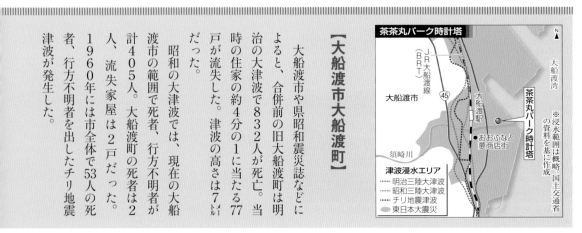

【大船渡市大船渡町】

大船渡市や県昭和震災誌などによると、合併前の旧大船渡町は明治の大津波で832人が死亡。当時の住家の約4分の1に当たる77戸が流失した。津波の高さは7メートルだった。

昭和の大津波では、現在の大船渡市の範囲で死者、行方不明者が計405人。大船渡町の死者は2人、流失家屋は2戸だった。1960年には市全体で53人の死者、行方不明者を出したチリ地震津波が発生した。

碑（いしぶみ）の記憶　いわて震災遺構

大船渡市の震災遺構「茶茶丸パーク時計塔」は、大船渡駅から約300㍍南東にある、大船渡町の夢海（ゆめみ）公園に展示されている。高さ約4㍍、目を思わせるモニュメントが特徴の時計塔は、津波で被災した午後3時25分を指し示したまま針が止まり、津波の記録を今に伝えている。

茶茶丸パークは、大船渡商店街の一角にあった公民館の一部だった。あずまやや水飲み場、時計塔の周りには木々が生い茂り、バスを待つ人が座って休むなど、住民の憩いの場になっていた。当時から近所のガソリンスタンドで働く小野出孝民（こうみん）さん(60)は「町の美化活動として職場のみんなでよく掃除していた。公民館もお茶や生け花などの行事でにぎわっていた」と振り返る。

3月11日の津波は、穏やかな生活を送っていた大船渡の中心市街地を一気にのみ込んだ。約10㍍の波は家々をがれきに変え、建物の屋根の上に船が乗った。時計塔も水没したが流失せず、辛うじてつながった盤面を示した針が、まちが変わり果てた時刻として人々の記憶に刻み込まれた。

時計塔は2015年、大船渡町の高台にある加茂公園に仮置きされ、19年4月に完成した夢海公園に移された。大船渡市防災管理室の鈴木文武係長は「まちの様子は変わっていくが、時計塔は津波の恐ろしさを風化させず伝え続けてくれるだろう」。

（2020年3月17日掲載）

本設の商店街ができるなど、着実に復興が進む大船渡市大船渡町＝小型無人機で撮影

震災前の大船渡町は商店街が広がり、活気のある浜辺のまちだった。東日本大震災では大船渡町だけで死者137人、行方不明者19人、全壊住家1112世帯。市内で最も大きな被害を受けた。現在は商店街があった場所周辺は住家の建築が制限され、店舗だけが並んでいる。

普代浜園地の津波石　普代村

「遺産」あえて公園に残す

津波の脅威を示す普代浜園地の津波石。大きな物では3トンの重さがある＝普代村

【普代浜園地】

普代村教委によると、明治の大津波では15・2メートルの波が普代浜を襲った。村中心部の普代地区では95人が犠牲になり、最も被害が大きかった太田名部地区の196人を含めると、全村民825人中302人が亡くなった。

昭和の大津波では普代地区で29人、村全体で137人が犠牲に。当時の児童作文集には、「普代に来てみると、まるで目も口も当られぬ程であった」「あちらでもこちらでもお父さんお母さんといふ

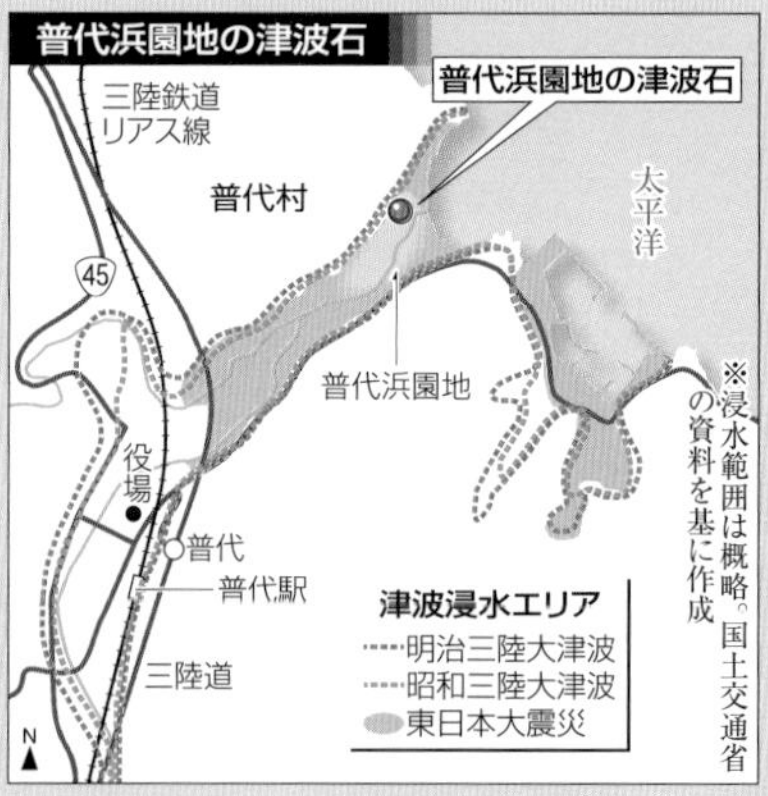

普代浜園地の津波石

三陸鉄道リアス線
普代浜園地の津波石
普代村
太平洋
45
普代浜園地
役場
普代
普代駅
三陸道
N
津波浸水エリア
明治三陸大津波
昭和三陸大津波
東日本大震災

※浸水範囲は概略。国土交通省の資料を基に作成

声がした」などと、生々しい光景がつづられている。

悲劇を繰り返してはならない―。1984年、当時の村長の和村幸得（こうとく）さん＝1997年死去＝の熱意で海抜15・5メートルの普代水門が完成した。総工費は35億円以上。財源などを巡り反対の声も多かったが、和村村長は明治の大津波の15メートル以上の高さにこだわった。そして完成から27年後。巨大水門が大津波を真っ向から受け止めた。

環境省と普代村が復旧整備し、「キラウミ」の愛称が付けられた普代浜園地には、大津波で押し上げられた「津波石」が30～40個も転がっている。大きいものだと重さ約3トン。何げない石に見えるが、自然の猛威を伝える「遺産」でもある。

環境省は芝生広場や駐車場周辺を中心に石を点々とレイアウトし、津波石であることを伝える看板を建てた。みちのく潮風トレイルのコースにもなっていて、ハイカーや家族連れが思い思いに津波石に腰掛ける姿が見られる。観光担当の村職員・前川正樹さんは「園地内に津波石が配置されているのは、教訓を未来に残すため。これほどの大きな石を簡単に動かすほど津波は恐ろしいものなんだと、しっかり伝えつないでいきたい」と力を込める。

普代浜を襲った津波は海岸林、キャンプ場、プール、サケふ化場などを全て押し流した。波はすさまじいスピードで普代川をさかのぼったが、巨大な水門が立ちはだかり、中心部の被害を抑えた。死者ゼロ、行方不明者1人。巨大水門がなければ、過去の悲劇が繰り返されていたかもしれない。

太田名部（おおたなべ）の漁業太田正光さん（56）は「林がなくなり、ここの景色はがらりと変わった。だが、水門のおかげで村は助かった。災害から人命を守る村であり続けてほしい」。

津波石と巨大水門。海を望む憩いの場は、訪れた人たちに津波の教訓を静かに、そして確かに伝えている。

（2020年3月18日掲載）

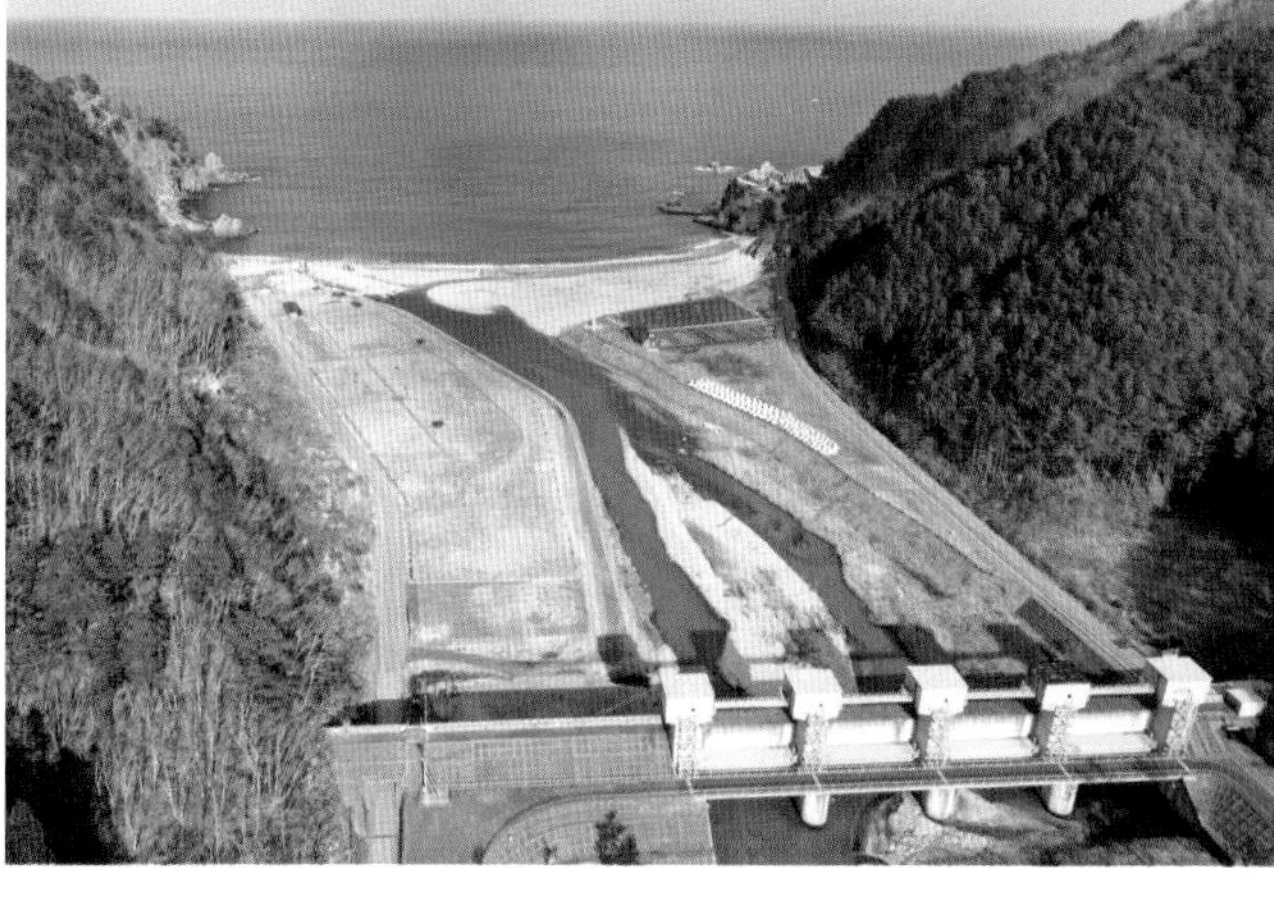

広大な普代浜園地内には、津波の脅威を示す津波石が各所に置かれている。手前には村を津波から守った普代水門が立つ＝小型無人機で撮影

明戸海岸防潮堤 田野畑村

想像を超えた津波の威力

田野畑村明戸の明戸海岸は震災前、広大な砂浜とクロマツの保安林が広がっていた。夏にはハマナスが咲き誇り、近隣の漁業者が砂浜でワカメの天日干し作業に精を出していた。太平洋に注ぐ明戸川や松林は子どもたちの絶好の遊び場だった。

三陸鉄道リアス線の田野畑駅から北東約1・5キロに位置する明戸海岸防潮堤は、1969年に海面高9メートル、全長378メートルで建設された。震災では推定17・1メートルの第1波が防潮堤を乗り越え、引き波で堤体が破損。クロマツ林やスポーツ施設ものみ込み、約200メートル沖の海中にあった約8トンの消波ブロックを砂浜に打ち上げた。

壊れた防潮堤は、一部が被災当時のまま保存されている。折れて断面がむき出しになったコンクリートが重なり合い、津波の力をまざまざと見せつけている。

復旧した明戸地区防潮堤は2017年に完成し、海面高12メートル、全長約350メートル。堤防上を県道が通り、以前より海から離れた場所に設置された。遺構の周辺はあずまやなどのある公園に生まれ変わり、周辺のスポーツ施設も再建され、人が再び集い始めている。

一方で震災への関心が薄らいでいる。田野畑村によると、大津波語り部の参加人数は13年度の6220人をピークに、19年度は736人まで落ち込んだ。村政策推進課の山口芳美さんは「遺構は激しい被害がひと目で分かり、防災意識を養える場だ。近隣自治体とも連携し、震災についてより掘り下げた発信ができるよう工夫していきたい」と語る。

（2020年3月19日掲載）

巨大なコンクリート片が重なり合い、津波の威力の大きさを物語る明戸海岸防潮堤

明戸海岸防潮堤
田野畑村
N
明戸海岸防潮堤
津波浸水エリア
明治三陸大津波
昭和三陸大津波
チリ地震津波
東日本大震災
三陸鉄道リアス線
ホテル羅賀荘
太平洋
田野畑駅
※浸水範囲は概略。国土交通省の資料を基に作成

【田野畑村明戸】

明戸地区は豊かな山林から燃料を得て、藩制時代には周辺でたたら製鉄が盛んに行われた。戦前ごろまでは巨大な鉄の釜で塩を作っていたという。明戸浜は海流の関係で海水浴に適さなかったが、震災前は日本体育大の学生が村民と一緒にビーチバレー大会を開くなど、村内外の交流が生まれる地域だった。

県昭和震災誌や田野畑村などによると、明治の大津波で最大26メートルの波が襲い、98人が死亡。家屋も

碑の記憶 いわて震災遺構

遺構周辺が公園として整備された明戸海岸防潮堤＝小型無人機で撮影

４６５戸中３２５戸が流失した。昭和の大津波では最大約13メートルの波が押し寄せ、明戸地区で死者３人、行方不明者1人、1戸流失の被害が出た。１９６０年のチリ地震でも津波が押し寄せたが、人的被害はなかった。

平成の大津波では最大遡上高25・5メートルの津波が襲い、村全体で死者24人、行方不明者15人、全壊家屋２２５戸。明戸地区では死者1人、家屋４件が全壊した。

震災メモリアルパーク中の浜 宮古市

がれきで造成「展望の丘」

むき出しになった基礎と破壊されたコンクリート壁。津波の威力をまざまざと物語る、中の浜キャンプ場のトイレ・シャワー室＝宮古市崎山

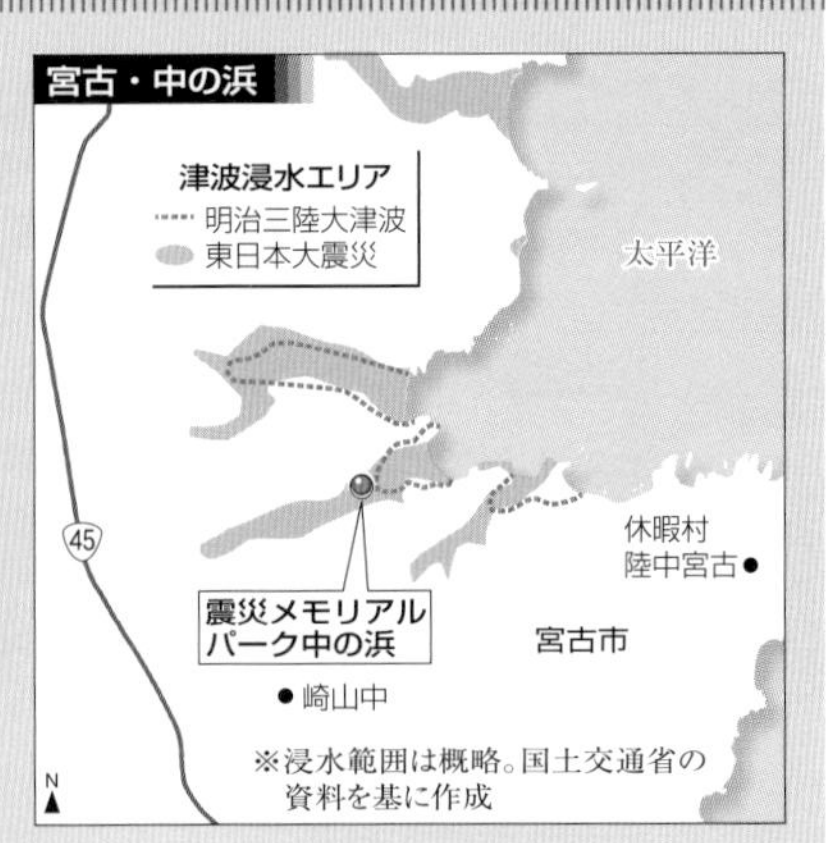

【宮古市崎山】

谷地や高台に集落が広がる崎山地区は、1996年に国の史跡に指定された崎山貝塚などを有している。環境省の「日本の快水浴場百選」にも選ばれた女遊戸(おなっぺ)海水浴場は白い砂浜と松林の緑、海の群青のコントラストが美しく、多くの海水浴客が訪れた。

県昭和震災誌や宮古市などによると、明治の三陸大津波は高さ8・5メートルに達し、旧崎山村で90人が死亡、155戸中100戸が全壊する大きな被害を生んだ。7・

碑（いしぶみ）の記憶　いわて震災遺構

海に面した山あいにあった宮古市崎山の「中の浜キャンプ場」。震災時はシーズンオフで幸い利用者はいなかったが、津波は施設を全てのみ込み、キャンプ場内を流れる中の浜川沿いを約1キロ逆流した。

被災した施設は2014年に一部を遺構として残し「震災メモリアルパーク中の浜」に生まれ変わった。土台がえぐられたトイレ・シャワー室、屋根が流失しコンクリート柱から鉄筋が飛び出した炊事棟、海面高17メートルの山中に引っ掛かった漁具が津波の脅威を伝える。がれきで造成した「展望の丘」から海を望むと、目線が津波と同じ高さになる。視覚的に津波を体感でき、学習旅行などに活用されている。

休暇村陸中宮古で「震災ガイド」を務める平野裕太郎さん(37)は「震災メモリアルパーク中の浜にある遺構は、津波がどれほどの高さで迫ってきたのかや、鉄筋コンクリートもたやすく折り曲げる力を持つことがはっきりと感じられる。文字や写真だけではなく、被災した物をじかに見ることで受ける印象は全く違ってくる」と話す。

震災で失われた森を取り戻そうと、パークの一角に周辺の野山と同じ種類の樹木を植えた「復興ふれあいの森」がある。植樹した崎山小の4年生が毎年訪れ、震災と地域の生態系について学習する。児童は津波の被害や樹木の成長した様子を壁新聞にまとめ、自身の記憶にはない震災の継承を続けている。

（2020年3月24日掲載）

東日本大震災の被害を伝える宮古市崎山の震災メモリアルパーク中の浜＝小型無人機で撮影

5メートルの波が襲った昭和の大津波は、999人が生活していたが死者は出ず、住家流失1戸にとどまった。1960（昭和35）年のチリ地震津波の際は宮古湾で浸水高2メートルの津波を観測。宮古市で1人が行方不明となり、36戸が全壊した。

東日本大震災では崎山で22人が亡くなり9人が行方不明、住家40戸が全壊した。海岸沿いにあった中の浜キャンプ場も被災し、現在は「震災メモリアルパーク中の浜」として津波の被害を伝えている。

十府ケ浦の米田歩道橋　野田村

無残な姿のコンクリート

野田村の米田地区にある水門の近く。津波で流失した歩道橋の一部が2017年から震災遺構として展示されている。コンクリートの歩道橋をたやすく破壊する津波の猛威を、静かに力強く伝える。遺構の展示に携わった村地域整備課の藤森秀規さんは「命を守るため、将来にわたって震災の残した爪痕を伝え、引き継いでいきたい」と話す。

「だだっ広い太平洋の水平線が一気に盛り上がった。忘れられない光景だ」。あまりにも大きな揺れ。地元の消防団員だった道上文明さん(61)は、大急ぎで警戒活動に向かった。十府ケ浦海岸で遠巻きに様子を伺っていると、海の向こうから巨大な津波が迫り来るのが見えたという。

急いで高台に逃げたが、津波はあっという間に集落を襲い、海の近くの家々は跡形もなく消え去った。山肌はえぐられ、米田川に架かる米田歩道橋も破壊された。

野田村は東日本大震災で37人が亡くなった。米田地区で記録された村内の津波遡上最高到達点は37・8メートル。巨大な水の壁が、尊い命を奪っていった。

道上さんは震災後、海が怖くなった。「港や海岸に行っても、水にはあまり触れたくない」。津波が残した消えない恐怖心。だが同時に、風化の恐ろしさも年々感じている。「震災後、半年ほどは小さな地震でも皆すぐに避難していた。でも人間の心は慣れていってしまうものだからね」

（2020年6月16日掲載）

野田村の震災遺構として展示されている米田歩道橋の一部。道上文明さんは水平線が一気に盛り上がる光景を目の当たりにしたという＝野田村野田

【野田村・米田地区】

弧を描いたような海岸線が美しい十府ケ浦海岸は、平安時代の和歌にも詠まれた景勝地として知られている。夏場は海水浴客でにぎわい、砂のオブジェを展示する「のだ砂まつり」が恒例行事だった。

海とともに歴史を刻む野田村は、何度も津波の被害に遭ってきた。「見渡す限り屋材が散乱し樹木が流れ、あるはずもない石塊が転がり、一夜にして泥と塵芥の原となった」。野田民俗誌(村教委発行)には、明治の大津波の悲惨な

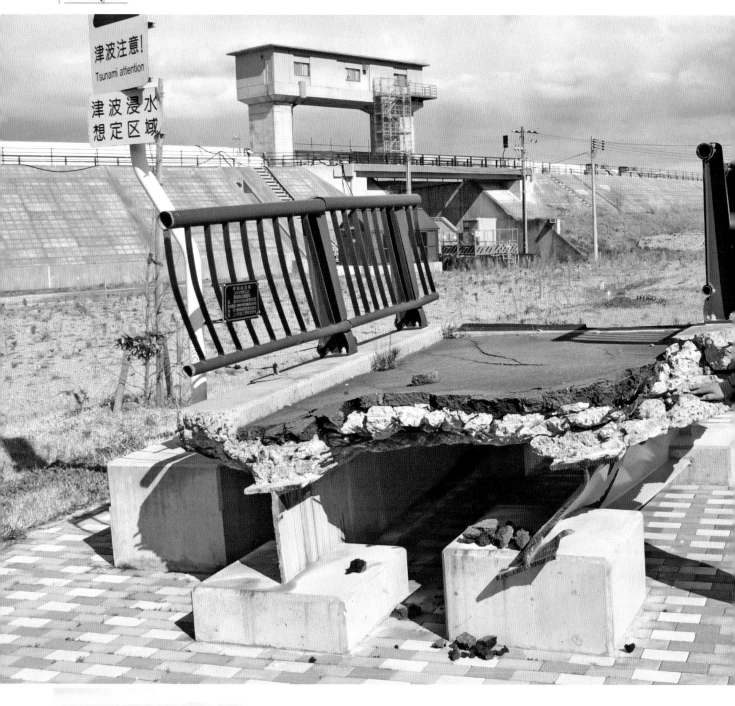

状況が記されている。

野田村誌によると、明治の大津波では２６１人が犠牲となり、家屋は３分の１に当たる１３８戸が流失。昭和の津波でも６人が命を落とした。平成の大津波は海岸沿いを走る三陸鉄道のレールや国道45号をやすやすと乗り越え、村中心部に壊滅的な被害を与えた。

野田村の十府ケ浦海岸。水門（写真右）近くに米田歩道橋の震災遺構がある＝小型無人機で撮影

越喜来の「ど根性ポプラ」 大船渡市

がれきの街に勇気と希望

1本だけ残った「ど根性ポプラ」。被災地に復興への勇気と希望を与え続ける＝大船渡市三陸町越喜来

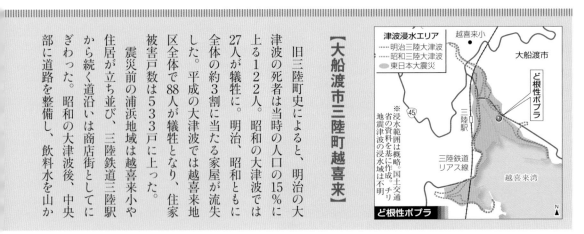

【大船渡市三陸町越喜来】

旧三陸町史によると、明治の大津波の死者は当時の人口の15％に上る122人。昭和の大津波では27人が犠牲に。明治、昭和ともに全体の約3割に当たる家屋が流失した。平成の大津波では越喜来地区全体で88人が犠牲となり、住家被害戸数は533戸に上った。

震災前の浦浜地域は越喜来小や住居が立ち並び、三陸鉄道三陸駅から続く道沿いは商店街としてにぎわった。昭和の大津波後、中央部に道路を整備し、飲料水を山か

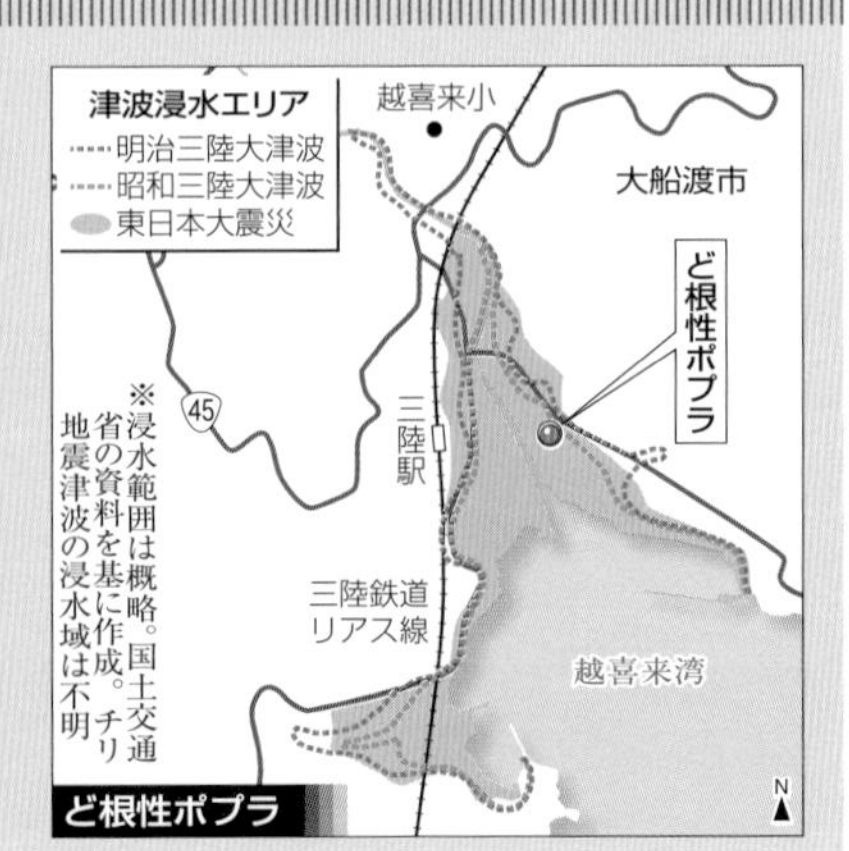

ど根性ポプラ

碑(いしぶみ)の記憶 いわて震災遺構

大船渡市三陸町越喜来(おきらい)地区の浦浜地域は、越喜来小や住居が立ち並び、三陸鉄道三陸駅から続く道沿いは商店街としてにぎわいの中心地だった。平成の大津波は、容赦なく低地の浦浜地域を襲い、甚大な被害をもたらした。

震災直後、一面がれきが広がる中に1本の大木が悠然と立っていた。商店の敷地内にあり、昭和の大津波以後に植樹されてから誰も気にも留めていなかったポプラの木。津波に耐えた高さ約25メートルの巨木は人々に再起への勇気を与え、いつしか「ど根性ポプラ」と呼ばれるようになった。

近所で食堂「秀(しゅ)っこねぇ」を営む金野秀子さん(55)は「ポプラは越喜来の希望。訪れた観光客も見て感動している。枯れずに生きて、残ってくれたシンボルがあるから私たちも頑張れる」と思いを寄せる。

被災を経て浦浜地域の光景は大きく変わった。防災集団移転促進事業で住宅は高台に移転。被災した越喜来小も高地に移った。ポプラからほど近い被災跡地にはイチゴ栽培施設も完成し、新産業が芽吹いた。

2018年5月、ど根性ポプラを中心とした浦浜地区緑地広場(0・24ヘクタール)が完成。愛称・ど根性ポプラ広場。緑が広がる住民の憩いの場になった。広場の完成に併せ、地元の女性有志7人がポプラの会を結成。週に1度、草取りやトイレの清掃に当たっている。

(2020年6月17日掲載)

手前が「ど根性ポプラ広場」。浦浜側を挟んだ左手にはイチゴ栽培施設が整備された＝小型無人機で撮影

ら引くなどして山側に集団移転用地を造成した。しかし、漁業者らは浜から離れた移転地を敬遠した。

1989年発行の町史は「三陸町では、対津波施設に守られているとはいいながら、明らかに明治三陸地震津波、昭和三陸地震津波の浸水地域に住居が建設されている」と指摘。被災域への現地復帰が進んでいた状況を「我々(われわれ)は、同じ轍(てつ)を踏み始めてはいないか、再考の段階にある」と警鐘を鳴らしていた。

島越ふれあい公園 田野畑村

脅威を伝える賢治の石碑

津波に耐えた宮沢賢治の詩碑と、破壊された三陸鉄道旧島越駅の階段が残る島越ふれあい公園＝田野畑村島越

【田野畑村島越】

山あいの集落の島越は、ワカメやサケ、ウニ、アワビなどの漁が盛んで、震災前の海水浴場には他地域からも子ども会や親子連れが訪れた。

県昭和震災誌や村史などによると、田野畑村は明治の大津波で最大26メートルの波が襲来し、138人もの村民が命を落とした。昭和8年にも13メートルの津波が襲い、住家132戸が流失。村内で54人が犠牲になり、38人が行方不明になった。漁船も373隻が失われ、な

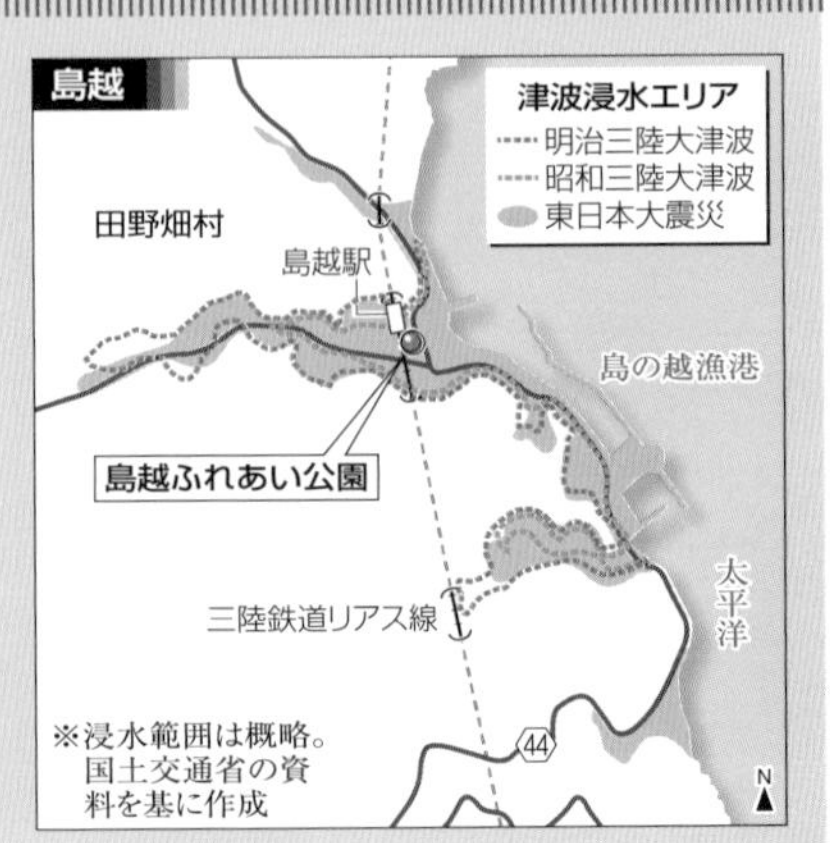

碑（いしぶみ）の記憶　いわて震災遺構

1984年の三陸鉄道開業以来、田野畑村島越（しまのこし）の島越駅は宮沢賢治ゆかりの駅として親しまれていた。平成の大津波は海を臨む駅舎を直撃。ホームへ続く階段数段を残し、跡形もなく地域の玄関口を飲み込んだ。ただ、賢治の詩「発動機船　第二」を刻んだ石碑は奇跡的に大きな破損もなく、がれきに埋もれていた。

2017年に村が整備した「島越ふれあい公園」には、津波に耐えた賢治の詩碑と、流失を免れた旧島越駅の階段の一部が展示されている。「船長は一人の手下を従へて…」と刻まれた詩碑。昭和の大津波があった1933年に没した賢治の言葉が、震災遺構を訪れる人たちの胸に深く刻まれている。

島越駅は震災から3年後、旧駅舎跡から約100メートル北の高台に再建された。島越自治親交会の鈴木隆昭会長(64)は「過去の被害を知り、地震が起きたら津波が来ると肝に銘じてほしい。公園の展示と石碑を見たことが有事の避難行動に結びつけばこれ以上のことはない」と願う。

住居の高台移転が進み、地区住民が減った島越。震災前の住民らがつながりを絶やすまいと島越自治親交会を結成し、それぞれの居住地が変わった現在でも約130世帯300人余りが夏祭りや草刈りなどで交流を続けている。17年には島越地区の震災犠牲者の氏名を刻んだ震災慰霊碑を建立。灯籠流しなども行いながら、地元の被害を後世に伝えている。

（2020年8月21日掲載）

公園として整備された島越ふれあい公園（写真中央）。三陸鉄道島越駅（写真左）は高台に場所を移して再建された＝小型無人機で撮影

りわいに打撃を与えた。島越地区では18人、家屋54戸が流された。平成の大津波は、到達高17・9メートルの波が地区中心部に流れ込み、121戸が流失・倒壊。死者17人、行方不明者10人に上った。

旧気仙中校舎 陸前高田市

とっさの判断で全員無事

陸前高田市の気仙川河口近くにある旧気仙中校舎。震災で3階建ての屋上を越える大津波が押し寄せたが、生徒は高台に逃げて全員無事だった。市は津波の脅威と教訓を後世に伝える遺構として、来年度中に内部の一般公開を始める。

2011年3月11日。気仙中は卒業式を控え、全校生徒約90人が体育館で合唱練習に励んでいた。当時、同校教諭だった蒲生正光さん(56)＝高田東中副校長＝は「避難マニュアルをうのみにせず、臨機応変に動くことの大切さを実感した」と振り返る。

地震発生後、生徒たちは教職員の指示で上履きのまま約200㍍先の第1避難場所に向かった。防災無線は3㍍、6㍍と津波の高さを伝えており「ここも危ない」と判断。約800㍍離れた第2避難場所の気仙小は低地を通るルートで危険とみて、近くの山側に避難した。

途中の小高い場所から大津波が高田松原の松林をのみ込む様子が見えたという。生徒たちは山道から二日市公民館に移動し、一夜を明かした。数日後には欠席・早退を含む全生徒の無事が確認できた。

的確な避難行動で犠牲者を出さなかった気仙中。陸前高田市は県の意見も踏まえて「防災教育上での価値がある」とし、遺構としての保存を決定した。後に旧道の駅高田松原「タピック45」とともに、内部公開することも決めた。

校舎は1981年完成で鉄筋コンクリート造り、延べ床面積2504平方㍍。遺構は市が所有・管理し、内部公開はガイドが同行する形で行う方向だ。

蒲生さんは「津波に限らず災害はどこでも起こり得る。見学する人に経験や教訓が伝わる場所となってほしい」と願う。

(2020年8月24日掲載)

3階建ての屋上を越える津波が押し寄せた旧気仙中校舎。的確な避難行動で一人の犠牲者も出さなかった

【陸前高田市気仙町】

陸前高田市気仙町は過去の津波で度重なる被害を受けてきた。明治29年は旧気仙村の38戸が流失・全半壊し、42人が犠牲に。昭和8年も32人の命が奪われた。

東日本大震災では13㍍超の大津波が襲来。陸前高田市が2014年にまとめた震災検証報告書によると、気仙町1081戸のうち8割超となる882戸が津波の被害に遭った。行方不明者や震災関連死を含む犠牲者は260人に上る。気仙町の今泉地区は藩制時代に

旧気仙中校舎
アバッセたかた
141
陸前高田市
三陸道
気仙川
45
東日本大震災津波伝承館
旧気仙中校舎
広田湾
津波浸水エリア
明治三陸大津波
昭和三陸大津波
チリ地震津波
東日本大震災
※浸水範囲は概略。国土交通省の資料を基に作成

震災遺構として内部公開される旧気仙中校舎。中央奥は今泉地区のかさ上げ地＝小型無人機で撮影

気仙地方の政治の中心地として栄え、醸造業などの伝統的な産業が営まれてきた。東日本大震災では約６００戸のうち５９２戸が全半壊し、大規模な土地のかさ上げと高台造成による住宅再建が進められている。

吉浜の津波石　大船渡市

重さ32㌧、地中から再び姿

平成の大津波で再び姿を現した吉浜の津波石。枛木沢正雄さん(左)と木村正継さんは、津波の歴史を語り継ぐ決意だ＝大船渡市三陸町

【大船渡市・吉浜地区】

旧三陸町の町史によると、約24㍍の津波が襲った明治29年、吉浜地区の人口の約2割に当たる204人が亡くなったとされる。地元の郷土史家木村正継さん(73)は約220人が犠牲になったとみている。

旧吉浜村長だった新沼武右衛門は高台移転を断行。現在の県道250号の高さに当たる標高約16㍍より高い土地に家屋を建てることを推奨した。さらに8代目村長の柏崎丑太郎らが、余った土地を

吉浜の津波石

津波浸水エリア
明治三陸大津波
昭和三陸大津波
チリ地震津波
東日本大震災
大船渡市
三陸鉄道リアス線
吉浜
45
吉浜駅
三陸道
吉浜湾
吉浜川
吉浜の津波石
N
※浸水範囲は概略。国土交通省の資料を基に作成

碑(いしぶみ)の記憶　いわて震災遺構

大船渡市三陸町吉浜(よしはま)の吉浜川河口付近の浜辺に、1933(昭和8)年の大津波で海から約200メートルも打ち上げられた津波石がある。縦3・7メートル、横3・1メートル、高さ2・1メートル、重さ約32トン。大津波の歴史を伝える貴重な遺構は、東日本大震災の大津波が来るまで地中に埋もれていた。

昭和の大津波で被災した住民は、津波の恐ろしさを伝えるため、打ち上げられた石に「津波記念石」と記した。しかし、月日とともに津波石に込めた思いは忘れ去られ、70年代の道路整備で埋められてしまう。

再び姿を現したのは皮肉にも津波の力だった。震災から半月ほどたち、故柿崎門弥(もんや)さん=当時(81)=が、がれきの中から津波石の一部を発見した。友人の杁木沢(はのきざわ)正雄さん(91)や木村正継さん(73)らが協力して掘り進めると「津波」の文字が現れた。

「津波の恐ろしさを伝える象徴として残さなければいけない」―。市と協力して遺構化を計画、巨石を引き上げて周りを固めた。一躍脚光を浴びた津波石に大勢の人が訪れ、杁木沢さんはガイドとして教訓を伝え続けた。

ただ、時の経過とともに訪れる人が少なくなっている。風化を防ごうと、吉浜小の児童は防災学習で津波石を見学し、地元の交通安全協会は、吉浜に着任した教職員らに津波石碑などを紹介する取り組みを行っている。木村さんは月に1度のサロン活動で、津波の歴史を語り継ぐ考えだ。「これから生まれてくる子どもにも、吉浜の津波の歴史を伝えたい」。

（2020年10月14日掲載）

田園が広がる吉浜地区。住居は高台に立つ=小型無人機で撮影

活用した開田事業を進め、低地の田園風景が今に続いている。

昭和8年の大津波での死者は17人。柏崎村長はさらに高台移転を徹底。明治の大津波で定めた高さより低地には誰も住めなくなった。東日本大震災は16・7メートルの大津波が襲った。死者1人、住宅流失4戸。他の地区に比べて被害が小さかったのは、先代たちの教えのおかげだ。

たろう観光ホテル　宮古市

最上階から見える「真実」

宮古市田老の「たろう観光ホテル」は、2階部分まで壁が押し流され、むき出しの鉄骨をさらしたまま6階建ての建物が現存する震災遺構だ。ひと目で高さ17メートルに及んだ津波のすさまじさを伝え、時の流れとともに存在価値を増している。

東日本大震災が起きた2011年3月11日、ホテルは午後3時からのチェックイン前で宿泊客はいなかった。「えらく長い地震」に松本勇毅社長(63)は津波襲来を確信。急いで外に出ると、防災無線は予想津波高3メートル以上とする大津波警報を伝えていた。従業員ら5人を避難させ、自身は予約客が入っていたため1人ホテルに残った。

松本さんはこの時点で、防潮堤を越える津波を想像していなかったという。午後3時15分ごろ、最上階の6階から外を見ると既に津波が押し寄せていた。当時は北海道奥尻島やインドネシアのスマトラ島の被害が記憶に新しかった。「この津波も記録に残さなくては」。松本さんは映像を撮り始めた。

程なく第2波とみられる高波が押し寄せ、住宅などをのみ込みながらホテルを直撃した。田老漁港付近を見下ろすように撮影していた映像は一時、建物の軒先を見上げるようなアングルになる。「波が突き抜けてからの記憶はない。のみ込まれてしまったと勘違いしたのではないか」と松本さん。「十数秒後に、『あ、生きてた』とわれに返った」。過酷な光景を前に、ビデオカメラを握りしめた。

生々しい映像は、松本さんがあの晩を明かしたホテル6階でしか公開していない。巨大災害の教訓はその時々の最大限の知恵で後世に受け継がれてきたが、災禍は繰り返された。「あの日と同じ撮影場所で見てほしい。真実は現物を使って伝えることも必要だ」。これからも唯一無二の手法で、風化にあらがう。

（2020年10月15日掲載）

あの日の記憶を鮮烈に伝える「たろう観光ホテル」。入場と津波映像の視聴は「学ぶ防災」利用者に限られる＝宮古市田老

【宮古市田老地区】

宮古市北部の田老地区は、太平洋に面する港町。アワビやウニの磯漁やワカメ、コンブの養殖業が盛んで、かつては田老川に多くのサケが遡上し、同じ市内を流れる津軽石川と本州一の座を争っていた。「津波太郎」といわれるほど古くから津波常襲地としても知られ、明治29年と昭和8年の津波で壊滅的な被害を受けた。

昭和の大津波後に市街地の区画整理と防潮堤の整備に取り組み、79年に総延長2433メートル、X型の

いわて震災遺構

現在の、たろう観光ホテル（中央右）周辺。右後方の高台には再建された住宅が立ち並ぶ＝小型無人機で撮影

大防潮堤が完成。「田老万里の長城」といわれる威容を誇った。2003年には「津波防災の町」を宣言した。

しかし、2011年は市街地で津波浸水高16・6㍍、津波遡上高20・72㍍を記録した巨大津波が第1・第3堤防を越え、第2堤防が破壊された。1691棟が被災し、魚市場や消防分署などの主要施設が全壊。死者・行方不明者181人は、宮古市全体の35％に及んだ。

鵜住居町の避難標識 釜石市

「ここも危険」自分で判断

現在の釜石市鵜住居町の街並み。子どもたちは右側の道を奥から手前に向けて逃げた＝小型無人機で撮影

【釜石市鵜住居町】

釜石市郷土資料館によると、明治の大津波で当時の鵜住居村は1028人が死亡した。津波が襲った6月15日の夜、旧暦の端午の節句でお祝いをしていた家が多かったことに加え、地震が最大震度2または3程度と小さかったことが、逃げ遅れにつながったとされる。

一方、昭和の大津波では、鵜住居村の犠牲者は3人だった。釜石市誌はこの災害を「明治29年の痛手が人から人へと伝えられ、何を

釜石の出来事のルートにある標識

碑（いしぶみ）の記憶　いわて震災遺構

震災で釜石市最大の被害を受けた鵜住（うのすま）居町。鵜住居小と釜石東中が高台に避難した行動が脚光を浴びた半面、多くの尊い命が奪われた。

児童生徒が避難したルートには「津波避難所　農協集配センター　350メートル」と記された標識が、津波に押され傾いたまま残っている。標識は子どもたちが訓練通り避難したグループホーム「ございしょの里」よりも内陸側にある。ここにとどまっていたら、想定をはるかに超える大津波に全員がのまれていた。

ここも危ない―。子どもたちは農協集配センター跡地に建設されていた指定避難場所やまざきデイサービスを目指し、さらに高台へ駆け上がった。津波は最終的にデイサービスの目前まで押し寄せた。釜石東中2年生だった川崎杏樹（あき）さん(24)＝いのちをつなぐ未来館語り部＝は「あの時、一度避難した場所に不安を覚えたのは、訓練に一生懸命取り組んでいて、実感としてもっと高い場所に行かなければ危険だと思ったから。川を遡上（そじょう）する津波の原理も学んでいたので、鵜住居川から離れたいとも考えていた」。

やまざきデイサービスを経営する山崎忠男さん(66)は震災後、施設利用者を車で送迎する際に必ずラジオをつけ、地震に備えているという。学校の防災教育は、地域住民の意識向上にもつながった。

釜石市は防災プログラムに活用しようと、標識の保存を決めた。意識しなければ目に留まらないが、未来に教訓をつなぐ重要な役割を担うこの地で「想定にとらわれない」ことの大切さを伝える。

（2020年11月17日掲載）

津波で傾いたままの標識。間一髪で助かった子どもたちの行動を伝えている＝釜石市鵜住居町

おいても助かること、この心構えが人命の損傷を最小限にくいとめた（抜粋）」としている。

2011年に再び三陸を襲った大津波。鵜住居地区の死者・行方不明者は580人に上り、釜石市内の犠牲者のおよそ半数がこの地区の住民だった。防災教育の成果で小中学生が率先避難した一方、地域の防災センターに避難した大勢が命を落とした。

前向きな思いを伝える

大津波で低地が壊滅的な被害を受けた大船渡市三陸町越喜来の浦浜地域。旧越喜来小跡地近くに2012年7月、がれき材を組み合わせた震災資料館「潮目」が開館した。

建物は地元で建設業に携わる片山和一良さん(69)が手掛け、海流が交わる潮目のような人と人の交流を願って名付けた。

赤や黄色でカラフルに彩色された外観。津波の写真や、がれきの中から拾い集めた時計、震災直後に子どもたちが描いた未来の越喜来の絵も展示する。BAR・ばハウスと名付けた元仮設店舗や、タレントのSHELLY(シェリー)さんが支援した手作りログハウスの交流スペース「ラフラブハウス」も隣接し、みちのく潮風トレイルのハイカーらが立ち寄るスポットになった。「当時はあえて一番の低地に作った。元々、残そうと思って建てた物ではなく、まち全体を考えて「どいてくれ」と言われれば、その時には越喜来も復興できている時期だろうと考えいた」と片山さん。産業用地の整備に伴い、2018年に三陸駅に向かう道路沿いに移設した。

潮目の屋上には、越喜来小旧校舎から移設した非常階段を取り付けた。校舎2階と道路を結び、児童73人全員の命を守った階段だ。2カ所ある鍵の解錠作業を事前に何度も確認していたことがスムーズな避難につながり、1次避難所から2次避難所へと行動を移す時間も生まれたという。当時の校長今野義雄さん(64)＝同市立根町＝は「精いっぱい想定して、備えておくことが大切」と振り返る。

震災前後の人々の思いが「陸の潮目」のように混ざり合い、遺構を形作っている。

（2021年1月14日掲載）

津波で全壊した旧越喜来小校舎＝2011年3月22日

【大船渡市・旧越喜来小】

旧越喜来小は海からほど近い低地にあった学校だ。震災の2日前にも津波注意報で避難を経験したばかりの児童と職員は、揺れが収まる前に避難を開始。2011年3月23日付の岩手日報には、当時4年生だった大津希梨さんの「大きな揺れのときにしゃがみ、小さい揺れのときに急ぎ足で逃げた。揺れが止まるのを待っていたら波にのまれたかもしれない」との証言が掲載されている。

スムーズな避難につながったのは、校舎2階と裏手の市道を結ぶ非常階段だ。地元市議や住民の働

がれきを使った震災遺構の潮目。越喜来小旧校舎の非常階段を移設し教訓を伝える。片山和一良さんは「ハイカーら県内外の来訪者も多い。人の流れができつつあり、よい方向に向かっていると思う。多種多様な人や思いに触れ「俺も頑張ろう」と前向きになってほしい。悲惨さだけを伝えるのではなく、前向きな人の思いを感じてほしい」と願う＝大船渡市三陸町越喜来

旧越喜来小校舎2階から裏手の道路に通じる避難階段。揺れが続く中、子どもたちは奥に見える高台へとスムーズに避難した＝2012年3月

きかけで、震災の3カ月前に整備されたばかりだった。児童らは第1避難所としていた三陸鉄道三陸駅へ向かう。「ここにも津波が来るかもしれない」。一行は高台の南区公民館へ避難、さらに背後の山へ向かった。津波は校舎3階までのみ込んでいた。

12年4月に越喜来小、甫嶺（ほれい）小、崎浜小が統合。16年に高台に建設した新校舎へ移った。

9度目の命日を迎えた2020年3月11日の朝、雨上がりの釜石市に虹がかかった。東日本大震災による岩手県内の犠牲者は5145人（関連死含む）、行方不明者1111人（2021年1月末現在）。空の架け橋を見上げ、人々は古里の再生を祈った＝釜石市鈴子町

特別報道記録集

三陸再興

いわて震災10年の歩み

2011・3・11 東日本大震災
岩手の記録V

2021年2月19日　初版発行

発 行 者　東根千万億

発 行 所　岩手日報社
〒020-8622
岩手県盛岡市内丸3番7号
電話　019-601-4646
（コンテンツ事業部）
平日9～17時

印刷・製本　山口北州印刷株式会社

デ ザ イ ン　和野隆広（FANTA PEAK）

ISBN978-4-87201-538-6
C0036　1600E

岩手日報社の震災関連本

平成の三陸大津波

2011年3月11日、本県沿岸部に甚大な被害をもたらした「平成の大津波」。岩手日報記者が撮影した津波襲来の写真をはじめ、大災害から立ち上がる被災地を記録した報道写真集（14刷）。

A4判148ページ　1100円（本体1000円＋税）

てんでんこ未来へ
あの日を忘れない

津波研究家の故山下文男さんが広めた「津波てんでんこ」の教え。大津波から命を守った避難行動に迫る連載をはじめ、犠牲者の行動記録、追悼企画「忘れない」の識者メッセージを収録した。

A4判208ページ　1650円（本体1500円＋税）

使命 証言・岩手県警察の3・11
岩手県警察本部監修

大津波に遭遇した警察官自らがつづった震災記録集。苦悩や葛藤、そして仕事への情熱を克明に描く（4刷）。

A5判196ページ　1320円（本体1200円＋税）

あの日から
東日本大震災鎮魂 岩手県出身作家短編集
道又力編。

高橋克彦氏、平谷美樹氏、柏葉幸子氏ら岩手出身作家12人よる東日本大震災をテーマにしたアンソロジー。鎮魂の重いを込めた珠玉の14編を収録。

四六判498ページ　2200円（本体2000円＋税）

浜辺のクジラ
伊藤美穂著

「命はみんなつながっている。一人じゃないから大丈夫」ー。浜辺の町を舞台に描く、小学生の敦子とクジラ研究者のママの心温まる物語。

A5変型判123ページ　1320円（本体1200円＋税）

「岩手日報社の本」
https://books.iwate-np.co.jp